KB023621

천·박·한

시사
경제
학

세 박사들이 시사 이슈로 풀어내는 경제와 생활 이야기

경.박.한.

김종선 김태균 이창현 진변석 지음

시사
경제

톡

팬덤북스

| CONTENTS |

자본주의 사회는 '자본이 중심이 되는 사회다'라는 생각을 근래 부쩍 하게 됩니다. 물론 다양한 전제 조건이 따라붙어야 하겠지만요. 어쩌면 우리는 사회에서 발생하는 다양한 이슈들을 돈의 관점 내지는 자본의 관점으로 바라보는 것 자체를 터부시하고 있는지도 모릅니다. 과연 이 세상이 돈이나 자본 없이 살아갈 수 있는 세상일까요? 결코 그렇지 않습니다.

바로 이 지점에서 서로 무엇인가가 통하는 세 개의 성씨를 가진 네 명의 박사들이 의기투합하였습니다. 게다가 4명의 박사들은 모두 경영학을 전공한 박사들이었죠. 이른바 자본, 돈과 밀접하게 연결되는 학문을 연구하고 가르쳐 온…….

그렇게 그레이트 김박, 진박, 이박, 김박 네 사람이 함께 세상을 향해 작지만 울림 있는 목소리를 내려고 조그만 공간을 만들었습니다. 오프라인 공간은 아니었죠. 우리와 딱 어울린다고 생각했던 팟캐스트에 〈세 박사의 경박한 돈푸리 살푸리〉라는 이름의 공간을 만들었습니다. 네 명이니 네 박사가 더 좋아 보일지 몰라도 두 명이 김씨, 한 명이 이씨, 나머지 한 명이 진씨로 총 3개의 성씨가 있기에 세 박사라고 작명했습니다. 순전히 우리 식대로 작명했죠. 그래서 그럴까요? 〈세 박사의 경박한 돈푸리 살푸리〉는 세상의 다양한 이슈들을 세 박사 식대로 다시 분해하고 해석하여 조금 다르게 진단해 보려고 노력했습니다. 그런 노력들이 하나씩 차곡차곡 모여 팟캐스트 방송을 통해 알려지기 시작하더니 어느새 100화를 코앞에 두고 있습니다.

우리 세 박사들의 노력이 인정받고 있는 것일까요? 아마도 그런 것 같습니다. 세 박사들이 〈세 박사의 경박한 돈푸리 살푸리〉 애청자들과 함께 나눴던 이야기들이 활자화되어 오프라인 독자들과 만나게 되었으니까요.

사실 처음에는 세 박사들 모두 기대 반 우려 반이었습니다. 그러나 "세 박사 스스로 자신들의 한계를 규정하지 말고 〈세 박사의 경박한 돈푸리 살푸리〉를 아끼고 청취해 주시는 애청자들 같은 독자들이 분명 있을 테니 모든 판단은 독자들에게 맡겨 보시라"면서 활자화에 힘을 실어 준 팬덤북스 박세현 대표님의 응원은 분명 세 박사에게 엄청난 힘이 되었습니다. 덕분에 용기를 낼 수 있었음을 먼저 밝혀야겠습니다. 지면을 통해 감사의 말씀을 전해 드립니다.

저희 세 박사들, 아직 많이 부족합니다. 앞으로 더욱 소명을 갖고 정진해 나가려고 합니다. 세 박사 모두 결혼을 했고 자녀가 있습니다. 그레이트 김 박사, 이 박사, 진 박사, 김 박사 모두 2명의 자녀가 있죠(아, 진 박사는 작은 아이가 태중에 있답니다). 아이들에게, 아내에게, 부모님에게 우뚝 서는 아빠, 남편, 아들은 아닐지라도 사회에 적어도 제 몫을 하기 위해 노력하는 지성인으로는 남고 싶습니다. 앞으로도 저희 세 박사들은 200화, 300화, 500화, 1,000화를 넘어 오래오래 〈세 박사의 경박한 돈푸리 살푸리〉 애청자분들과 함께 고민하면서 때로는 통쾌하게, 때로는 경쾌하게, 때로는 유쾌하게 소통해 나갈 것을 약속합니다.

아버님, 어머님, 사랑하는 아내, 토끼 같은 아이들, 애청자 여러분들 그리고 기꺼이 독자가 되어 주실 여러분들에게 진심으로 감사의 말씀을 드립니다.

여러분, 사랑합니다!

세 박사 드림.

로스 명품이 도대체 뭐야?

혹시 로스 명품이라고 들어 보셨나요? 인터넷 검색창에 로스 명품, 명품 로스라고 검색해 보면 산더미 같은 정보들을 손쉽게 접할 텐데요. 온라인에서는 쇼핑몰, 블로그, 카페, 중고나라 등에서 로스 명품을 취급하고 있는 것은 물론 오프라인에서도 로스 매장은 어렵지 않게 발견된답니다. 강남에서는 일부 사람들이 '로스 명품 계'까지 만들어 요상한 제품들이 은밀하게 거래되는 실정이라고도 합니다. 혹시 처음 들어 보신 것은 아니죠? 지금부터 로스 명품에 대해 자세하게 살펴보도록 하죠.

일반적으로 로스 명품은 의류가 특히 인기 있습니다, '로스loss'의

사전적 의미는 '손실'이지만, 의류 업계에서는 제품 생산 과정에서 향후 불량을 예상해 여분으로 제작했다가 남은 것을 말합니다. 명품과 동일한 디자인, 재료로 만들었으나 브랜드 태그나 라벨이 없는 상품이 로스 명품이죠.

그래선지 로스 명품 거래는 철저하게 회원제나 점조직 형태로 이루어집니다. 기존 회원을 통해 추천을 받거나 구매자의 신분이 확실하게 보장되지 않으면 구입 자체가 매우 어렵습니다. 일단 회원이 되면 백화점에서 사고자 하는 명품을 착용해 보고 로스 명품 판매자에게 제품명과 사이즈를 알려 주기만 하면 직접 집까지 배달해 주는 형태로 거래가 이루어진다고 합니다. 비밀리에 회원 위주로 거래가 진행되어서 평범한 사람들은 로스 명품을 접하는 것 자체가 결코 쉽지 않습니다. 불법이라 단속하려 해도 은밀한 모임을 통해 거래되고 있어 적발하기조차 어렵습니다.

왜 로스 명품이 이슈가 되고 있을까요? 로스 명품은 짝퉁과는 엄연히 다릅니다. 어떤 원단인지, 재료는 무엇인지도 모르고 디자인만 카피해 판매하는 짝퉁과는 분명 다르지요. 명품과 같은 재료와 디자인으로 만든 로스 명품은 분명 차이가 있습니다. 당연히 짝퉁보다 가격이 더 비싸죠.

그럼 어떻게 로스 명품이 생길까요? 우선 공장에서 제작 과정 중에 원단이 남아 여분을 생산하는 경우가 있죠. 미세하지만 하자가 생겨 정상적인 판매가 어려운 경우 공장에서 일부러 작정하고 빼놓는 경우도 가능합니다.

로스 수량이 많을까요? 아마도 아닐 것입니다. 공장에서 로스를 뒤로 몰래 가지고 있다가 불법적으로 유통시킨다는 게 결코 쉽지 않은 일입니다. 유명 명품 브랜드들과 거래하는 기업 입장에서 생각해도 결론은 동일합니다. 만약 명품 업체인 갑의 주문을 받아 생산하는 을의 지위에 있는 기업이 불법적인 유통 과정을 통해 로스를 팔다 단속에 걸려 문제가 발생하면 어떻게 될까요? 아마도 명품 업체로부터 계약 해지나 파기, 민·형사상 소송과 같은 엄청난 위험 부담을 감수해야 할 것입니다. 당장 눈앞의 금전적인 이익을 위해 로스 상품을 일부러 만들어 유통시키지는 않겠지요.

남은 경우의 수는 공장에서 여분을 생산해 의도적으로 제품을 불량 처리하는 경우, 제품에 약간의 하자가 발생해 하자 처리를 하는 경우인데요. 딱 봐도 물량이 그리 많이 나올 것 같지 않죠? 불량이나 하자가 있는 제품이 발생한다 할지라도 명품 브랜드 업체가 엄격한 관리를 할 것이 뻔합니다. 이제 일부 로스 명품들이 그들만의 유통 경로를 통해 음성적으로 거래되는 이유를 아시겠죠?

여기서 조금 이상한 부분이 있지 않나요? 분명 로스 명품의 물량이 얼마 되지 않을 텐데 온라인, 오프라인 등에서는 쉽게 보이니 말이죠. 이 부분은 수요와 공급 측면에서 생각해 보면 이해가 쉽습니다. 명품 브랜드를 너무너무 갖고 싶지만 경제적인 이유로 사지는 못하고 그나마 저렴한 로스 명품을 구하려는 소비자(수요)는 상당히 많겠죠. 그에 비해 로스 명품의 공급은 수요를 충족할 만큼 충분하지 않아요. 그렇다면 온라인, 오프라인에서 로스 명품이라고 거래되는 제품들은 모두 어디서 나왔을까요?

그렇습니다. 짝퉁! 바로 짝퉁입니다. 로스 명품도 짝퉁이 있을 수밖에 없지 않을까요? 실제 명품과 재료도 다르고 디자인만 같은, 오히려 브랜드 태그나 라벨도 필요 없이 짝퉁을 만드는 것입니다. 명품의 짝퉁이 아닌 로스 명품의 짝퉁을요. 이제 감이 오시나요?

수요자에게 짝퉁이라고 말하고 판매하기보다 로스 명품이라고 판매하면 가격도 좀 더 비싸게 받을 수 있고, 소비자들도 더 관심을 갖지 않을까요? 의도적으로 브랜드 태그와 라벨을 없앤 후 공장에서 빼돌린 로스 명품인 것처럼 눈속임을 한 짝퉁이 시중에서 거래되는 로스 명품의 대부분일 확률이 엄청 높습니다.

대한민국 국민들이 명품 업체들의 호구라는 점은 어제오늘의 이야기는 아니죠. 진짜 명품은 물론 로스 명품, 짝퉁 로스 명품까지 하나같이 가격을 올려야 판매가 잘된다고 하죠. 이런 인식이 형성된 원인은 무엇일까요? 혹시 베블런 효과, 스놉 효과, 밴드웨건 효과, 파노플리 효과라고 들어 보셨나요?

베블런 효과 veblen effect의 사전적 정의는 '가격이 오르는데도 수요가 줄지 않거나 오히려 수요가 증가하는 현상'을 말합니다. 미국의 사회학자이자 사회 평론가인 토스테인 베블런Thorstein Veblen이 1899년 출간한《유한 계급론》에서 '상층 계급의 두드러진 소비는 사회적 지위를 과시하기 위해 자각 없이 행해진다'고 말한 데서 유래한 용어입니다.

경제학의 기본 법칙인 수요와 공급의 법칙에 따르면 '가격이 오르면 수요가 감소한다'가 정상입니다. 하지만 종종 경제학의 기본 법칙에서 벗어나는 경우가 발생하곤 하지요. 대표적인 경우가 명품이나 슈퍼카 같은 부류의 제품들입니다. 소비자의 허영심과 과시욕을 자극하는 제품들이어서 가격이 하락하면 오히려 해당 제품에 대한 수요가 줄어드는 기이한 현상이 발생합니다. 베블런 효과는 '명품족', '그사세(그들이 사는 세상)'라고 불리는 상류층 소비자들에게서 특히 많이 나타나는 현상입니다.

스놉 효과snob effect도 살펴볼 필요가 있겠군요. 사전적 정의를 살펴보면 '특정 제품에 대한 소비가 증가하면 차츰 해당 제품의 수요가 줄어드는 현상'을 말합니다. snob이라는 영어 단어는 속물, 잘난 체하는 사람을 의미하는데요. '속물 효과'라고 부르기도 하고, 마치 까마귀 떼 속에서 고고하게 떨어져 있는 백로와 같다고 해서 '백로 효과'라 지칭하기도 합니다. 이해하기 쉽게 말하자면 자신이 자주 사용하던 제품이 많은 사람들에게 대중화되면 그 제품 대신 다른 제품을 소비하고자 하는 심리이죠. 이미 다른 사람들이 하고 다니는 것이 아닌 나만의 새로운 것을 원하는 현상입니다.

스놉 효과가 문제가 되는 이유는 '남들에게는 없거나 쉽게 가지지 못하는 것'이 가격과 밀접하게 연결된다는 점입니다. 일반 소비자들이 쉽게 사기 힘든 고가의 제품들이 '누구나 가지지 못하는 나만의 것'이라는 생각에 오히려 더 잘 팔리는 것이죠. 말도 안 되는 가격인데도 말입니다. 운동화, 화장품, 심지어 모나미 볼펜과 같은 제품들까지 '한정판', '리미티드 에디션' 마케팅을 활용하는 이유를 이제 아시겠습니까? '이 제품은 딱 천 개만 만들었습니다. 다 팔리면 사고 싶어도 살 수 없습니다'라고 광고하면 여러분은 어떤 생각을 할까요? 좀 비싸더라도 구매하고 싶지 않으신가요?

다음으로 밴드왜건 효과bandwagon effect를 알아보죠. 밴드왜건 효과는 '편승 효과'라고도 불리는데요. '유행에 따라 상품을 구입하는 소비 현상'을 말합니다. 곡예나 퍼레이드의 맨 앞에서 행렬을 선도하는 밴드왜건이 사람들의 관심을 끄는 데서 유래한 용어지요. 대중이 여론이나 유행에 동조함으로써 타인들과의 관계에서 소외되지 않으려는 심리로부터 비롯된 현상입니다. 한때 미친 듯이 팔려 사고 싶어도 못 샀던 '허니버터칩', '순하리' 등이 대표적인 제품입니다. 한 시간 이상을 기다려야 하는 맛집 열풍도 같은 부류에 해당될 듯합니다.

마지막으로 파노플리 효과_{panoplie effect}는 '소비자가 특정 제품을 소비하면서 같은 제품을 소비하는 소비자와 같은 부류라고 생각하는 현상'을 말합니다. 파노플리는 프랑스어로 '집합_{set}'이란 의미로, 판지에 붙어 있는 장난감 세트처럼 동일한 맥락을 가진 제품의 집단을 말합니다.

프랑스 사회학자 장 보드리야르_{Jean Baudrillard}는 소비자가 물건을 구매하는 행위에도 한 사람의 이상적 자아가 반영된다고 보았는데요. 그래서 누구나 명품 브랜드에 시선이 이끌린다고 주장했죠. 더 나아가 보드리야르는 현대 사회에서 사람들은 명품을 구매하면서 상류계급 의식을 느끼며, 명품 브랜드가 새로운 계급 사회를 만들고 있다고 분석했습니다.

우리 주변에서도 형편에 맞지 않게 고급 외제차를 몰고 다니는 사람들이 종종 보이는데요. 외제차를 구매하면서 자기 자신도 상류층과 비슷한 위치에 있다고 느끼는 것이죠. '그사세' 부자들이 착용하고 다니는 명품을 보면서 '우와, 멋있다. 돈 많고 능력 있는 사람들인가 보다. 나도 저 제품을 가지고 다니면 돈 많고 능력 있는 사람으로 보일 거야!'라고 생각한다는 말이죠. 파노플리 효과는 특정 집단을 선망하면서 소속되고 싶어 하는 사회적 심리가 함께 작용된 현상이라고 하겠습니다.

지금까지 네 가지 심리 현상을 알아보았는데요. 왜 명품 업체들이 가격을 더 올리고, 높아진 가격에도 소비자는 명품을 사고 싶어 하는지를 살펴보았습니다. 이제 사람들이 왜 명품을 구매하길 원하는지 조금이나마 아시겠죠?

명품 업체들은 위에서 설명한 여러 가지 심리 효과를 적절히 활용함으로써 수익을 얻습니다. 명품 업체들은 시류에 편승해 상당한 수익을 창출합니다. 어찌 보면 로스 명품을 판매하는 업체들은 우리나라 사람들의 지나친 명품 사랑을 이용해 음성적으로 유통시키는 것입니다. 명품의 짝퉁이 아닌 로스 명품의 짝퉁까지 만들어 소비자들을 우롱하고 있지요.

여러분은 왜 값비싼 명품이 갖고 싶은가요? 명품이 가진 브랜드, 희소성 때문이 아닌가요? 브랜드는 기업의 얼굴과 같습니다. 기업들은 제품에 하자가 발생하면 대부분 폐기하거나, 혹시 판매하더라도 정상적인 유통 채널(아웃렛, 할인점 등)을 통한 브랜드 관리에 힘쓰고 있습니다. 가격이 '헉' 소리 나는 고가의 명품이라면 하자 제품 관리에 철저한 것이 일반적입니다. 명품이 너무 갖고 싶은 소비자들이라면 다시 한 번 상처를 주는 로스 명품만큼은 각별히 주의해야 합니다. 더 이상 호구가 되지 말고 먼저 자신이 명품이 될 준비를 하는 것이 좋겠죠?

할부 마케팅의 함정을
조심하라!

혹시 여러분은 집에서 정수기나 안마 의자를 사용하는가요? 아니면 렌터카를 이용하는 경우가 종종 있는지요? 지금부터 말하려는 내용은 제품을 구매하지 않고 임대하여 이용하는 분들이 특히 관심있게 읽어 보셨으면 합니다. 할부 마케팅에 관한 내용이기 때문입니다. 좀 그럴듯하게 마케팅 용어로 설명하면 PAD_{Pennies-A-Day} 라고도 하죠. 엄밀히 따지면 할부라기보다는 임대에 가깝다고 보시는 편이 좋겠네요.

몇 가지 사례를 들어 보겠습니다. 요즘 흔하게 보이는 안마 의자를 판매하는 방식을 살펴보죠. 불과 몇 년 전만 해도 수백만 원 하는 고가의 안마 의자를 찜질방이 아닌 집에서 사용할 것이라고 어느 누가 예상했을까요? 요즘은 유명 연예인을 활용한 TV 광고와 다양한 홈쇼핑 채널을 통해 빈번하게 접합니다. 심지어 모 상조에 가입하면 선물로 준다고까지 할 정도입니다.

비싼 안마 의자가 어떻게 지금처럼 대중화되었을까요? 여러 가지 이유가 있겠지만, 가장 결정적인 원인은 PAD 기법을 활용한 마케팅 덕분으로 보입니다. 한 번에 결제하지 않고 할부로 나누어 임대 개념으로 이용하게 하는 방식이죠.

실제 월 5만 원에서 7만 원, 프리미엄급은 월 10만 원으로 고급 안마 의자를 집에서 사용할 수 있습니다. 일 단위로 분할하면 하루 3천 원으로 집에서 마음껏 안마 의자를 사용한다는데 혹하지 않겠습니까? 찜질방에서 10분에 천 원 넣고 안마 의자를 사용해 본 사람이라면 아마도 '하루 30분만 사용해도 본전은 뽑겠구나' 하는 심리에 공감할 것입니다. 이것이 바로 PAD 전략입니다.

PAD 전략 덕분에 안마 의자 시장은 어마어마하게 확대되었습니다. 2007년에 200억 원에서 2015년에는 3,500억 원 규모로 무려 20배 가까이 성장했으니 대단하지 않습니까? 게다가 국내 업체들이 시장을 장악하는 것은 물론 수출도 잘하고 있어 더 그렇게 느껴지네요.

안마 의자 가격이 350만 원이라면 상당히 부담이 되죠. 선뜻 구매할 엄두가 안 날 수도 있습니다. 대신 하루 3천 원이라면 싸고 큰 부담이 없다고 느끼기 십상이죠. 결국 비슷한 금액을 지불하고 구입하는 셈인데 말이죠. 정수기나 안마 의자가 돋보인 측면이 있지만, 보험 상품이나 타이어 같은 제품에 이르기까지 점차 많은 제품군들이 PAD 마케팅을 활용해 판매에 나서고 있습니다.

성격이 조금 다르긴 해도 어려운 아이들을 돕는 유니세프 후원도 PAD 관점에서 고려해 볼 만합니다. 우리 속에는 모두 착한 마음이 있는 것 아시죠? 한 달에 술 한 번만 안 마시면 상황이 좋지 않은 아이들이나 아프리카 아이들을 도울 수 있다는 생각에 정기적으로 후원할 마음이 들겠죠? 막상 1년에 36만 원을 후원해야 한다면 어떨까요? 그보다는 '월 3만 원씩' 후원하는 쪽이 부담이 덜하다고 느끼겠죠.

실제로 지불하는 금액은 동일하지만, 소비자에게 어떻게 제시하느냐에 따라 반응도 달라집니다. 소비자가 지불해야 하는 총 금액을 한 번에 지급하는 형태로 제시하지 않고 매일 또는 지속적인 적은 비용으로 나누어 지급하도록 제시하는 전략이 PAD입니다.

하버드의 존 거빌John Gourville 교수는 1998년에 흥미로운 연구를 진행했는데요.* 회사에서 한 구호 단체에 기부하는 프로그램을 마련하

---

* Gourville, J. T. (1998). Pennies-a-day : The effect of temporal reframing on transaction evaluation. Journal of Comsumer Research. 24. 395-408.

고 사원들에게 1년간 기부할 의사를 물어보았습니다. 첫 번째 조건으로는 연간 기부액 30만 원을 제시했고, 두 번째 조건으로는 하루 기부액 850원을 제시했죠. 과연 어떤 조건에서 기부 참여자가 더 많았을까요? 연간 기부액 조건에서는 30%가 기부 의사를 밝힌 데 비해 하루 기부액 조건에서는 52%가 기부 의사를 밝힌 것으로 결과가 나왔습니다. 재미있지 않나요?

거빌 교수에 따르면 소비자들이 어떤 대안의 가격을 평가할 때 2단계의 정보 처리 과정을 거친다고 합니다. 1단계는 지출의 범주화 과정을, 2단계는 심적 회계 과정을 거친다는 것이죠. 외부에서 가격 정보를 줄 때를 생각해 보죠. 1단계로 소비자들은 먼저 해당 가격과 비교할 대상을 떠올리고, 2단계로 대상과의 비교를 통해 수용할지 거절할지를 결정합니다.

하나의 제품만 있으면 '가격'이 싼지 비싼지 판단하기가 힘듭니다. 비교할 다른 대안이 없으면 평가가 어려워지죠. 소비자들이 가격을 평가하기 위해서는 다른 비교 대안이 필요하고, 비교 대안이 없으면 머릿속에서 비교 가능한 지출 범주를 생각해 냅니다. 자신이 생각해 낸 지출 범주를 기반으로 현재 제품을 평가하는 식이죠.

위 기부 프로그램 실험에서 사원들은 우선 1단계로 850원으로 할 수 있는 일을 떠올리죠. 850원과 유사한 금액의 지출 범주를 비교 기준으로 삼습니다. 예를 들어 컵라면 한 개, 음료수 한 개 같은 소소한 지출을 비교 범주로 두죠. 다음 단계로 거래 대상과 비교해서 해당 금액이 상대적으로 많지 않다고 느끼면 수용합니다. 이를 마케팅에서는 동화 효과라고 하고요.

마찬가지로 반대의 경우 첫 번째 단계로 30만 원으로 할 수 있는 일을 떠올립니다. 30만 원과 유사한 수준인 고급 옷 한 벌, 가방 하나를 비교 범주로 인출합니다. 사람들이 이 금액이 상대적으로 많다고 느끼면 제안을 거절하는데, 이를 대조 효과라고 합니다.

조금 어려우신가요? 다시 말해서, 하루 850원이라 말하면 후원금이 컵라면 한 개와 같은 지출 범주에 속한다고 생각하고, 일 년에 30만 원이라 말하면 가방 하나와 같은 지출 범주에 속하는 것으로 생각한다는 이야기입니다. 같은 범주에 속하는 대상들은 같은 속성을 공유한다고 여겨집니다. 작은 지출과 같은 범주로 범주화되면 별것 아니게 느껴져 충분히 지불할 만한 금액으로 생각됩니다. 큰 지출과 같은 범주로 범주화되면 부담되는 금액, 상당히 중요한 지출로 생각되는 거죠. 이런 차이로 인해 통합된 지출로 제시하기보다 PAD 전략으로 제시하기가 소비자들에게 쉽게 수용되는 것입니다.

이제 여러분들도 기업들의 PAD 전략을 빨리 간파해서 현명한 소비를 할 것 같지 않은가요? 더 이상 할부 마케팅의 함정에 빠지지 말고 PAD 프레임을 총액 프레임으로 리프레임하는 지혜를 발휘해 보면 어떨까요? 반대로 판매자 입장이라면 소비자들이 쉽게 수용하도록 PAD 전략을 잘 활용한다면 상당한 효과를 기대할 수 있겠죠?

　PAD 전략은 단순히 가격 제시 방식의 문제만이 아니라 우리들이 생각하는 범주가 얼마나 중요한지를 종종 보여 주기도 하는데요. 우리 실생활에서도 어떻게 범주화되도록 만드느냐가 엄청나게 중요합니다. '10년 안에 1억 원을 모아야지'라고 하면 먼저 한숨이 절로 나오기 쉽죠. 하지만 '매월 80만 원씩 저축하자'라고 결심하면 어떤가요? 다이어트도 '3개월 안에 15kg을 빼야지'라고 생각하면 눈앞이 캄캄해지고 작심 하루가 될 확률이 높지만 '한 달에 5kg', 아니 '하루에 200g만 빼자'라고 결심한다면 훨씬 부담 없이 수용하지 않을까요?

PB 브랜드의 슈퍼 파워

여러분들은 장을 보러 어떤 브랜드의 마트에 주로 가시나요? 이마트? 롯데마트? 아니면 코스트코? 혹시 마트나 편의점에 가서 그 점포에서만 살 수 있는 상품을 구매하신 적이 있나요? '김혜자 도시락'이 먹고 싶다고 해서 아무 편의점에서나 살 수 있나요? 아니죠. GS25에서만 팔고 있죠. CU에 가면 무슨 도시락이 있을까요? '백종원 도시락'이 있죠. 세븐일레븐에는요? '혜리 도시락'이 있답니다. 모두 제가 즐겨 먹는 도시락 이름들이라 잘 알고 있답니다.

위 도시락 제품 중에서 개인적으로 김혜자 도시락을 선호하긴 하지만, 어찌 됐든 마트나 편의점에 가면 해당 점포에서만 파는 무엇인가가 있습니다. 그걸 우리는 PB Private Brand 제품이라고 부르죠. PB 제품들이 시간이 지날수록 다양해지면서 큰 이슈가 되고 있습니다. 과연 전체 매출에서 PB 제품이 차지하는 비중은 어느 정도나 될까요? 물론 마트냐 편의점이냐, 아니면 다른 유통 채널이냐에 따라 다르겠지만 20~30% 정도라고 합니다. 10개 중에 2~3개라니 놀랍지 않나요? 유럽이나 미국에서는 50% 이상 되는 PB 제품들도 많다고 하니 깜짝 놀랄 일은 아닌 것 같군요.

지금부터는 PB가 뭔지 좀 더 살펴보도록 하죠. PB는 유통 업체가 독자적으로 개발, 생산하거나 제조사로부터 직접 납품받아 관리, 운영하는 상품을 말하는데요. PL Private Label, SB Store Brand, OL Own Label 등으로 불리기도 합니다. 우리가 주로 구매하는 제조 업체 브랜드 NB, National Brand 보다는 저렴하고, 각 유통 업체의 점포에서만 판매하는 상품이라는 일반적인 특징을 지니고 있습니다. 참고로 NB는 전국 어디서든 구입 가능한 브랜드 상품이라고 이해하시면 빠르겠네요.

최근 대형 마트나 편의점 매출에서 PB가 차지하는 비중이 갈수록 커지고, PB의 가짓수도 폭발적으로 증가하고 있다고 합니다. 유통 업체들이 적극적으로 PB의 확대를 도모하기 때문이죠. 유통 업체들은 도대체 왜 PB의 수를 늘리기 위해 애쓰고 있을까요?

광고비 등 마케팅 비용이 적은 PB가 NB보다 높은 수익을 보장해 주죠. 특정 점포에서만 독점으로 판매되니까 치열한 가격 경쟁을 하지 않아도 되고요. 더불어 소비자들에게 PB의 품질이 뛰어나다는 이미지를 심어 준다면 점포 애호도store loyalty가 높아집니다. 구전 효과로 긍정적인 홍보까지 기대할 수 있습니다. 유통 업체가 우수한 PB를 보유하면 NB와 경쟁할 대안을 가지게 되죠. 가격 측면에서 제조 업체에게 휘둘리지 않고 유리한 협상이 가능하다는 점도 빼놓을 수 없겠네요.

한편으로 좀 궁금하지 않은가요? PB의 비중이 높아지고 상품 수가 늘어난다는 것은 그만큼 잘 판매되고 경쟁력이 있다는 뜻이 아닐까요? 갑자기 왜 이렇게 PB의 인기가 많아졌을까요?

무엇보다도 품질 개선을 첫손에 꼽을 수 있습니다. 불과 수년 전까지만 해도 PB에 대한 소비자들의 인식은 '싸지만 품질이 떨어지는 제품' 정도였습니다. 당시만 해도 대부분 그러하기도 했고요. 하지만 최근 들어 NB와 PB의 품질 차이가 거의 사라지고 있습니다. 심지어 유통 업체들이 PB의 품질을 개선한 후 가격도 비교적 높게 책정해 더 많은 수익을 얻고 있습니다. 전국적으로 유통망을 갖춘 대형 마트나 회원제 도매 클럽 등이 PB 제품을 충분히 소화할 수 있어서 가능한 현상이랍니다.

거의 모든 마트나 편의점들이 PB의 개발에 사활을 걸고 있다고 해도 과언이 아닌데요. 가장 주목되는 기업, PB의 중요성을 잘 인지하고 있는 기업을 알려 드릴게요. 저의 단골 점포인 코스트코입니다. 잘 모르는 분들도 있을 텐데요. 코스트코는 'PB의 끝판왕'이라고 해도 모자를 정도로 유명한 기업이랍니다.

미국 어바인Irvine 코스트코 매장의 전경

자료 : https://ko.wikipedia.org/wiki/%ED%8C%8C%EC%9D%BC:Costco_-_Irvine,_CA_USA_(2013)_02.JPG

추가로 설명하겠지만 코스트코는 여러모로 대단한 회사입니다. 브랜드 가치만 해도 10조 5천억 원으로 추산되는데요. 여기서 질문 투척합니다. 코스트코에서만 살 수 있는 브랜드가 있습니다. 무엇일까요? 바로 '커클랜드Kirkland'라는 브랜드인데요. 여기서 두 번째 질문 투척합니다. 커클랜드의 브랜드 가치는 얼마나 될까요? 놀라지 마세요. 무려 7조 3천억 원입니다. 커클랜드가 전체 매출에서 차지하는 비중이 20% 정도인데 브랜드 가치는 코스트코의 70%가 넘습니다. 정말 말도 안 되는 상황이죠. 이것이 무엇을 의미할까요? 소비자 입장에서는 커클랜드 브랜드가 NB만큼 익숙해서 믿고 구매한다는 뜻입니다.

커클랜드 종이 타월

자료 : 코스트코 홈페이지(https://www.costco.co.kr)

코스트코 같은 창고형 도매 클럽이 잘되자 이마트는 트레이더스를, 롯데마트는 빅마켓을 만들어 코스트코와 비슷한 전략으로 출점 수를 점차 확장하고 있습니다. 그래선지 2015년 코스트코의 국내 성장세가 다소 주춤하기는 했습니다. 하지만 2010년부터 2014년까지 연평균 6.8% 성장을 했다는 사실만으로도 코스트코라는 기업이 참 대단한 기업이라는 생각이 듭니다.

코스트코의 회원 수는 2010년 2,830만 명에서 2014년 3,850만 명으로 36%가 증가했습니다. 같은 기간 매출도 782억 달러에서 1,102억 달러로 41%나 늘었습니다. 글로벌 경기의 침체 여파로 경제가 어려운 상황이었음에도 승승장구한 이유는 무엇일까요?

먼저 한 가지 재미있는 내용을 알려 드려야겠군요. 특히 우리나라에서 코스트코가 승승장구해 왔다는 사실을 알고 계시나요? 전 세계 코스트코 매장 중 매출 순위 1위가 서울 양재점이고요. 광명/상봉/일산점도 7위 안에 포함되어 있답니다. 한국인들의 코스트코 사랑은 정말 유별난 것 같군요.

지금부터 코스트코와 커클랜드만의 특별한 점을 이야기해 보겠습니다. 코스트코는 최고 품질의 상품을 최대한 저렴한 가격으로 판매하기 위해 마진율 14%, 커클랜드 상품의 마진율 15% 원칙을 고수합니다. 백화점 마진율이 50%, 대형 할인점의 마진율이 20~25%라는 점을 감안하면 참 착한 가격임을 알게 됩니다.

뿐만 아니라 코스트코는 제품 업체들이 자사 매장에 입점할 때 중요하게 고려하는 것이 있습니다. '시중에서 가장 많이 팔리는 상품인가?', '제조 업체가 우리에게 싸게 팔 의향이 있는가?'와 관련된 부분입니다. 시중에서 가장 많이 팔리는 상품이란 곧 믿고 구매할 만한 제품이라는 철학이 있는 것이죠.

직원 복지도 구글에 이어 2위를 차지할 정도로 최고 수준입니다. 한국 직원의 98%를 정규직으로 채용할 정도로 복지에도 신경을 많이 쓰는 착한 기업이기도 합니다. 알바 시급도 높은 수준이고요. 직원 급여를 살펴보면 코스트코의 한국 법인을 기준으로 대리 1년 차에 연봉 4,800만 원, 과장 1년 차에 8,000만 원, 부장 1년 차가 1억 6천만 원이라고 합니다. 그에 반해 창업주이자 전 CEO였던 제임스 시네갈James Sinegal 회장의 연봉은 3억 5천만 원 수준이었다고 하네요. 다른 유수의 CEO들과 비교가 되는 부분입니다. 월가 애널리스트들이 '주주보다 직원이 되는 편이 더 좋은 회사'라고 평가한 이유를 알게 해주는 부분입니다.

한국인들에게는 아직도 어색한 부분이지만 코스트코는 좀 특별하고 독특한 연회비 제도를 채택하고 있습니다. 연회비를 받아 회원제로 운영하는데요. 연회비 때문에 코스트코를 싫어하는 사람도 있을 정도라 분명 호불호가 나뉘는 운영 형태인 점은 분명합니다. 다만 이용하는 소비자 입장에서 보면 모든 사람이 이용할 수 없다는 점이 오히려 매력으로 보일지도 모르겠군요. 코스트코 회원만의 특별함을 느낄 수도 있고, 연회비가 아까워서라도 자주 방문하는 경향도 있을 것입니다.

코스트코 회원이 다음 해에도 자격을 연장하는 확률은 얼마나 될까요? 무려 약 90%의 회원이 재연장을 한다고 합니다. 그들은 왜 매년 3만 원이 넘는 연회비를 내면서 회원 자격을 연장할까요? 당연히 코스트코의 서비스에 만족하기 때문이 아닐까요? 90%라는 엄청난 회원 자격 재연장률은 분명 다른 기업들이 따라잡기 어려운 수준임에 틀림없습니다.

코스트코는 회원제로 엄청난 이익을 창출하고 있습니다. 코스트코의 2014년 상품 판매 이윤이 10억 달러인데, 회원비로 벌어들인 이익이 무려 24억 달러에 달합니다. 정말 입이 떡 벌어지는 성과지요? 코스트코처럼 마니아층 고객들이 많으면 많을수록 기업은 꾸준히 성장할 수 있습니다.

코스트코에 대한 소비자 만족도가 높은 이유 가운데 하나로 이중 보증제를 듭니다. 코스트코는 비록 소비자의 단순 변심에 따른 반품일지라도 묻지도 따지지도 않고 100% 환불이 가능(담배와 주류 제외, 컴퓨터는 6개월 이내)한 상품 보증제와 함께, 회원 가입 후 코스트코 이용이 만족스럽지 않아 연회비를 환불해 달라고 요청하면 일할 계산이 아닌 1년 치 연회비를 즉시 환불해 주는 회원 보증제를 시행하고 있습니다. 교환이 아닌 무조건 환불, 맛이 없어도 환불, 마음에 안 들어도 환불, 3년 이내에는 영수증이 없어도 소비자가 원하면 모두 환불해 줍니다. 정말 대단하다는 말밖에 할 말이 없군요. 이런 서비스를 하는데도 불만족스럽다면 도리어 이상한 것이겠네요.

혹여 '에이, 그럼 많은 고객들이 환불해 달라고 하면 회사 망하는 거 아냐?'라고 생각하는 분들도 있겠죠. 하지만 환불하는 고객은 그리 많지 않답니다. 품질을 철두철미하게 관리하는 프로세스가 제대로 작동하기 때문이죠. 코스트코만의 품질 관리는 어떤 특별함이 있을까요?

우선 코스트코는 커클랜드 상품을 납품하는 업체들에게 엄격한 품질 제한선을 정해 놓습니다. 기준에 어긋나면 즉시 납품을 중단시키죠. 철저한 품질 검사를 통해 최고의 상품을 대량으로 구매하여 공급가를 낮추는 전략이죠.

단독 판매의 원칙도 커클랜드의 매력 중 하나로 꼽히는데요. 제조업체들은 코스트코에만 가격 대비 성능이 높은 PB를 납품합니다. 다른 유통 업체들처럼 NB 상품과 같은 내용물을 포장만 다르게 해서 파는 경우를 찾아보기 힘들죠.

'PB의 끝판왕'인 코스트코의 전략을 살펴보면 앞으로 유통 업체들이 PB를 어떻게 관리해야 하는지를 분명히 확인하게 됩니다. 코스트코가 지속적으로 관심을 갖고 지켜봐야 할 기업 중 하나인 것만큼은 확실합니다.

TALK
#004

코스트코만 있냐, 나도 있다

'미코한이'라는 말이 있습니다. 미국에는 코스트코, 한국에는 이 마트라는 말을 줄인 표현입니다. 들어 보신 적 있나요? 없다고요? 당연히 그럴 거예요. 저 혼자만 즐기는 표현이니까요. 코스트코 다 음으로 제가 즐겨 찾는 유통 업체 매장이 이마트입니다. 이마트야 워낙 유명해서 따로 설명을 드릴 필요는 없을 듯합니다.

여기서는 이마트의 PB들에 집중하려고 합니다. 이마트의 PB는 그룹 최고 경영자까지 SNS로 적극 홍보하고 있어서 요즘 엄청난 각 광을 받습니다. 이마트 매출에서 PB가 차지하는 비중도 전체 매출 액의 약 20%에 해당하고, PB의 매출 신장률도 크게 증가하는 추세입니다.

이마트의 PB로는 무엇이 있을까요? 대표적으로 식품 전문 브랜드인 '피코크Peacock'와 요즘 핫한 '노브랜드No Brand'가 있습니다. 이마트를 가 보신 분들은 많이 보셨을 텐데요. 불과 1~2년 전과 비교해 보면 두 브랜드의 상품 수가 얼마나 많이 늘었는지를 알 수 있습니다. 이마트가 두 PB에 상당히 공을 들이고 있다는 사실이 실감 나는 부분이죠.

피코크 상품

자료 : 이마트몰 홈페이지(http://emart.ssg.com)

피코크는 높은 신장률을 보이면서 2016년 매출이 1,900억 원을 돌파했고, 상품 수도 1,000개로 늘어난 상태죠. 상품 판매대 중 두세 라인이 모두 피코크 브랜드로만 따로 채워질 정도로 확실히 소비자들에게 포지셔닝된 상태입니다. 저도 가끔 피코크 상품을 구매하곤 하는데요. 다소 재미있는 것은 가격이 만만치 않다는 점입니다. 어쩔 때는 NB보다 비싸면 비쌌지, 결코 저렴하게 팔지 않는다는 인상을 많이 받기도 합니다. 품질과 맛으로 승부를 보겠다는 뜻인데, 호의적인 소비자들의 반응을 보면 아직까지는 성공적으로 자리 잡는 과정으로 보입니다.

저희 집 냉장고에도 피코크의 '홍대 초마 짬뽕'이 있는데 꽤 맛이 있습니다. 2인분 가격이 8천 원이 넘는군요. 1인분에 4천 원이 넘는 가격인데, 배달 가격이 6천 원 정도임을 감안하면 별 차이가 없다고 할 수 있죠. 다음번에 구매 시에는 고민을 좀 해야겠습니다. 여하튼 결과가 좋게 나오고 있으니 피코크 브랜드 전략은 완전 성공 중이라고 할 수 있겠죠?

피코크 매출액 추이

연도	매출액	상품 종류
2013년	340억 원	200종
2014년	750억 원	400종
2015년	1,340억 원	600종
2016년	1,900억 원	1,000종

자료 : 이마트

또 다른 브랜드인 노브랜드 상품은 출시되는 상품마다 가성비가 좋다는 입소문을 타면서 히트 상품이 되고 있는데요. 출시된 지 1년 만에 매출액이 1,660억 원 수준이라니 대단하지 않습니까? 2015년

4월 9개의 상품으로 첫선을 보인 이후 엄청난 성장세를 보이면서 현재는 상품 수가 1,000개에 육박할 정도로 엄청나게 성장했습니다.

이마트의 노브랜드 상품

자료 : 이마트몰 홈페이지(http://emart.ssg.com)

특히 노브랜드에 주목해야 하는 이유는 색다른 유통 전략에 있습니다. 온·오프라인에서 신세계백화점과 신세계면세점 등 신세계 그룹 유통 채널로 판로를 넓힌 것에 그치지 않고 따로 로드숍 형태의 전문점까지 냈다는 점이 놀랍습니다. 유통 업체가 PB 상품으로 전문점을 여는 건 굉장히 이례적인 사건이죠. 적어도 제가 알고 있는 한 처음 있는 일이 아닐까 싶을 정도입니다.

원래 이마트 PB라면 온라인이나 이마트 점포에서만 파는 것이 일반적인데요. 노브랜드만 취급하는 다른 유통 채널까지 확보하겠다는 의미죠. 실제로 이마트는 노브랜드를 국내에 한정된 브랜드가 아니라 전 세계에서 인정받는 브랜드로 키우고 싶어 합니다. 최근에는 중국에 있는 독일의 유통 업체 메트로METRO에 노브랜드 상품을 수출하기로 했으니까요.

노브랜드 전문점(용인 보라점)

지금까지 이마트 PB를 살펴보았습니다. 어떠신가요? 이마트 PB의 슈퍼 파워! 감이 잡히시나요? 감이 잡히셨으리라 믿습니다. PB 상품이 예전처럼 품질이 낮다거나 싸구려라는 생각은 버려야겠습니다. 그만큼 품질에 신경 쓰고 브랜드도 철저하게 관리하고 있죠. PB 상품 역시 가성비를 따져 본 후 현명하게 소비하기를 진심으로 바랍니다.

아이폰, 걱정하지를 마셔

　팟캐스트 방송 〈세 박사의 경박한 돈푸리 살푸리〉, 잘 알고들 계시죠? 저희가 열심히 방송하고 있는 프로그램인데요. 아마 방송을 청취하는 분들은 알고 있을 겁니다. 세 박사들이 아이폰을 디스하는 것을 말이죠. 저는 세 박사들의 의견에 절대 동의하지 않지만요. 과거에 비해 아이폰의 성장세가 다소 주춤하는 것은 사실입니다. 그렇다고 세 박사들로부터 무시당할 정도는 아니지 않을까 하고 생각합니다. 이유를 조금 말씀드릴게요.

　먼저 몇 가지 질문을 하겠습니다. 글로벌 스마트폰 판매량 1위와 2위 회사가 어디일까요? 다음으로 글로벌 스마트폰 시장의 시장 점유율 1위와 2위 기업은 어디일까요? 모두 답은 동일합니다. 1위가 삼성이고 2위는 애플입니다. 여기까지만 보면 세 박사들의 의견도 나름 일리가 있어 보이죠.

다음 질문에 이르면 이야기가 달라집니다. 제품을 팔아 이것저것 비용을 빼면 이익이 발생하죠. 전체 스마트폰 시장의 이익을 100으로 보고 삼성과 애플, 기타 다른 제조 업체들은 각각 얼마의 이익을 얻고 있을까요?

참 재미있는 수치가 나옵니다. 보통 학생들에게 같은 질문을 하면 대부분 삼성이 40%, 애플이 30%, 나머지 제조업체가 30% 정도라는 대답을 합니다. 과연 그럴까요? 아닙니다. 정답을 말씀드리죠.

수년간의 데이터를 살펴보면 평균적으로 삼성이 약 15%, 애플이 약 90%입니다. 정말 이상하죠? 100으로 보자고 하더니 삼성과 애플만 더해도 105가 되니까 말이죠. 이 수치의 의미는 무엇일까요? 혹시? 그렇습니다. 나머지 제조업체들은 −5의 손실을 내고 있다는 뜻입니다.

2015년 4분기만 해도 애플이 91%, 삼성이 9%였습니다. 어마어마한 차이였죠. 2016년에는 삼성이 엄청나게 애플을 따라잡아 2016년 2분기에는 역사상 처음으로 75% : 31%까지 격차를 좁히기도 했습니다. 아쉽게도 갤럭시 노트7의 폭발 여파로 2016년 3분기에는 103.6% : 0.9%로 또다시 역대 최고 차이를 보였습니다. 2016

년 4분기에도 92% : 9%를 기록해 차이를 그다지 좁히지 못했네요.

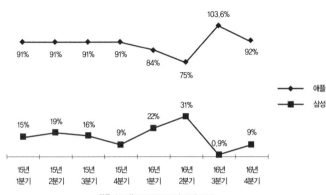

삼성과 애플의 스마트폰 수익 점유율 추이

자료 : http://www.canaccordgenuity.com

　　조금 과장해서 표현하자면 전체 스마트폰 시장에 휴대폰을 팔아 남긴 돈을 전부 애플이 가져갔다고 할 수 있습니다. 더 재미있는 사실은 2016년 3분기 안드로이드 스마트폰의 판매 점유율은 87.5%로 단연 압도적인 것에 비해 애플의 iOS 판매 점유율은 12.1%에 불과했다는 것이죠(다만 국내에서는 2016년 상반기 애플의 iOS 판매 점유율이 27.05%였습니다). 쉽게 말해 10대 중 1대만 아이폰인데도 모든 이익을 혼자 다 가져간 것입니다. 놀랍지 않으신가요?

　　판매량과 점유율도 삼성이 앞서고 OS도 애플이 완전 밀립니다. 그런데도 이렇게까지 수익 차이가 발생하는 이유는 과연 무엇일까요? 애플의 수익이 삼성을 압도하는 이유는 여러 가지가 있겠지만 크게 생산 방식과 전략의 차이입니다.

삼성은 갤럭시 S 시리즈 외에 A와 J 등 다양한 중저가 스마트폰을 판매하고 있죠. 사실 삼성이 몇 종류의 제품을 판매하는지는 자료를 보지 않고 기억해 내기가 쉽지 않습니다. 애플은 조금 다릅니다. 애플도 최근 제품군을 늘리기는 하지만 대부분의 매출이 한 가지 시리즈에서 발생합니다.

제품의 종류가 많고 적음에 따라 당연히 광고비 같은 다양한 판매 관리비의 차이도 발생합니다. 삼성은 다양한 제품을 생산하고 관리해야 하죠. 그만큼 재고, 유통, 마케팅 관련 비용들이 많이 투자되어야만 합니다. 반면 애플은 상대적으로 고가의 소수 제품만을 주로 취급합니다. 그만큼 관리도 편하고 비용 측면에서도 비교가 되지 않겠죠.

다음으로 생산 방식도 상당한 차이를 보입니다. 삼성은 생산과 조립 라인을 한국, 중국, 베트남, 인도 등 주요 국가에서 직접 운영하죠. 애플은 철저한 아웃소싱(외주 생산) 방식을 채택하고 있습니다. 중국 폭스콘을 통해 조립 생산을 하면서 비용을 크게 줄이죠. 이 같은 사실은 애플의 이익률이 20%가 훌쩍 넘는 데 반해 폭스콘의 이익률은 3% 미만이라는 점을 통해서도 확인됩니다. '너무 박하지 않나?'라고 생각하는 독자들도 있을 것입니다. 하지만 폭스콘 입장에서도 나쁜 딜은 아니라고 봅니다. 안정적인 판매량이 보장되니까요.

생산과 관련해 애플이 엄청나다고 인정받는 이유가 있습니다. 생산 장비나 특허 등은 모두 애플이 보유하고 폭스콘은 단지 애플을 위해 조립 생산만 해주는 방식이라는 것입니다. 핵심적인 생산 노하우는 모두 애플이 가지고 있다는 뜻이죠. 만약 마진이 너무 낮아서 못 하겠다고 폭스콘이 배짱을 부리는 상황이 되면 다른 파트너를 찾는 방식으로 대응하면 됩니다. 그만큼 생산 관련 리스크가 크지 않다는 얘기죠.

생산을 외부에 맡긴다는 것은 관리와 비용 면에서 유연성이 크다는 의미죠. 이런 점에서 삼성과 애플 간에 차이가 생깁니다. 삼성은 스마트폰 수요가 감소하더라도 생산 인력을 쉽게 줄이기 어려운 구조입니다. 애플은 수요가 줄면 주문량을 줄이면 되죠. 인력 문제와 운영비 부담은 모두 외주 업체인 폭스콘이 떠안고요. 너무 심하지 않냐는 시선도 없지는 않습니다. 그러나 기업 가치의 극대화를 위한 이익 구조 측면에서 보면 이해하지 못할 상황은 아니라고 보입니다.

성장세가 꺾였다고 해서 애플의 미래를 걱정하거나 무시해서는 안 되는 이유를 이제는 알겠죠? 돈은 혼자 다 벌고 있는 초일류 기업이 애플입니다. 미워는 해도 배 아픈 것까지 티 내고 다닐 필요는 없지 않을까요? 제가 아이폰 유저라 그렇다는 말은 아니랍니다.

저가 스마트폰의
못 말리는 경제학

너무 아이폰 칭찬을 많이 한 것 같은데요. 그러다 보니 스마트폰 시장의 미래는 과연 어떻게 될지 궁금해지더군요. 여러분은 어떠신가요? 스마트폰의 대명사로 자타가 공인하는 아이폰이 출시된 이후 삼성의 맹추격이 시작되었죠. 이후 아이폰과 갤럭시가 치열하게 경쟁하고 있다는 사실은 여러분 모두 잘 아는 내용입니다. 이에 더해 최근 중저가 스마트폰 제조 업체들의 기세가 상당히 무섭습니다. 아니, 무섭다 못해 두렵기까지 할 정도인데요. 단지 중국 내에서만 그러려니 하고 치부하기에는 관련 수치들이 심상치 않은 만큼 몇 가지 사항들을 짚어 보려고 합니다.

지금 어떤 브랜드의 스마트폰을 사용하고 있나요? 우리나라는 스마트폰 보급률이 높은 편입니다. 다만 시장이 작아서 정작 국내 기업인 삼성조차 미국보다 덜 신경을 쓰고 있죠. 우리나라에서는 많은 분들이 삼성 갤럭시 계열의 폰을 사용하고 있습니다. G6와 V20 같은 프리미엄 폰을 출시하며 따라잡고 있는 LG 역시 국내 시장의 강자라고 하겠습니다. 그래선지 더더욱 국내에서만큼은 중국의 중저가 폰을 구경하기 쉽지 않습니다.

정상적인 유통망으로 판매되는 제품은 아니지만 국내에서 '대륙의 실수'라는 이름으로 유명한 샤오미의 '홍미노트' 시리즈가 한때 이슈가 된 적이 있죠. 꽤 괜찮은 스펙임에도 해외 직구 판매가가 20만 원 정도였는데요. A/S를 포기하고 6개월 간격으로 새로 나온 홍미노트 시리즈를 2년 동안 계속 구입해 네 번을 바꿔도 80만 원입니다. 웬만한 프리미엄 폰을 2년 동안 사용하는 것보다 저렴하게 이용할 수 있다는 계산이 가능했죠.

샤오미 외에 최근 상당히 공격적으로 마케팅을 벌이는 기업이 있습니다. 삼성보다도 연구 개발비를 훨씬 많이 쓰고 보유 특허 수도 어마어마하다는 화웨이라는 기업입니다. 국내 판매량은 적지만 점차 인지도를 높여 가는 대표적인 중국 기업이죠. 현재 출시하는 스마트폰은 LG유플러스에서만 개통이 되기에 다른 통신사를 이용하는 소비자들은 우리나라에 그런 폰도 있냐는 반응을 보일지도 모르지만 엄청나게 유명한 회사입니다. 저가 모델 H폰은 슬로우 어답터인 소비자들에게 가성비로 어필하고 있습니다. 요즘 제가 살짝 칭찬하는 폰인 화웨이 라이카 카메라폰 P9과 P9플러스의 경우에는 출하량이 전 세계적으로 1천만 대 이상을 기록할 정도로 좋은 품질을 인정받았습니다.

재미있는 사실은 P9 시리즈의 경우 결코 중저가 브랜드가 아니라는 것입니다. 화웨이는 초기에 중저가의 대중적인 제품을 출시했다가 제품 계열의 길이를 확장시키면서 고가의 신제품을 추가하는 상향 확장 전략을 활용했지만, 이후 하이엔드 제품에 관한 포트폴리오를 강화시켜 나가고 있습니다. 높은 고객 만족도와 긍정적인 브랜드 인식을 확보하기 위해 글로벌 채널, 서비스 인프라 및 브랜드 구축에도 적극적으로 투자하고 있죠. 핫라인 서비스를 통해서 105개의 국가들을 지원하는 5개 글로벌 서비스 센터를 만드는 한편, 전 세계적으로 45개국에 460개의 서비스 센터들을 확보해 서비스의 질을 높이고 있습니다. 국내에서도 편의점 무료 배송 서비스나 방문 서비스, 퀵 서비스 등으로 다른 중저가 폰과는 차별화되는 모습을 보이고 있습니다.

화웨이의 노력은 브랜드 가치로 나타나는데요. 브랜드 컨설팅 업체인 인터브랜드Interbrand에 따르면 2016년 브랜드 가치 순위가 72위까지 상승하였습니다. 정말로 무시무시한 성장세라고 하겠습니다.

더 이상 중국 내 기업에 머무르지 않고 글로벌 기업으로 자리 잡아가는 기업이라 향후 삼성이나 애플도 잔뜩 긴장해야 할 것 같습니다. 2016년 4분기 시장 점유율 현황을 보면 삼성이 전년 대비 2.5%, 애플이 0.8%가 감소했지만 화웨이는 2.1%나 상승했다는 통계를 보면 더더욱 그래야 할 것입니다.

화웨이가 끝이 아닙니다. 아래 표를 보면 알겠지만 오포와 비보라는 기업의 성장세도 엄청난 수준입니다. 서두에 이야기했던 '두렵다'는 기업들의 대표 주자라고 하겠는데요. 많은 분들이 '오포와 비보가 뭐하는 회사야?'라고 궁금해할 텐데, 둘은 중국의 BBK 그룹이 한 뿌리인 기업입니다.

주요 스마트폰 제조 업체들의 선적 대수

(단위 : 백만대)

	2015년 4분기	2015년	2016년 4분기	2016년
삼성	81.6	319.7	83.8	309.4
애플	74.8	231.5	78.3	215.4
화웨이	32.6	107.1	44.9	138.8
오포	14.8	39.7	29.5	84.6
비보	13.3	39.0	25.6	71.9
기타	186.2	703.2	182.9	668.1
총계	403.0	1440.2	438.7	1488.2

자료 : https://www.strategyanalytics.com

주요 스마트폰 제조 업체들의 시장 점유율

(단위 : %)

	2015년 4분기	2015년	2016년 4분기	2016년
삼성	20.2	22.2	17.7	20.8
애플	18.6	16.1	17.8	14.5
화웨이	8.1	7.4	10.2	9.3
오포	3.7	2.8	6.7	5.7
비보	3.3	2.7	5.8	4.8
기타	46.2	48.8	41.7	44.9
총계	100.0%	100.0%	100.0%	100.0%

자료 : https://www.strategyanalytics.com

오포와 비보는 대륙의 실수를 만들어 내는 샤오미도 제치고 '통신 업계의 왕자'인 화웨이까지 위협하고 있죠. 2016년 4분기 기준으로 두 기업의 점유율이나 판매량을 더하면 화웨이도 추월할 정도니 정말 놀라운 성장세가 아닐 수 없습니다.

두 기업 모두 2011년부터 스마트폰 사업을 본격적으로 시작했는데요. 제품 전략은 오포와 비보 모두 중국 젊은 층의 입맛에 철저하게 맞추고 있습니다. 판매 전략으로는 온라인 판매에 집중하는 샤오미와 달리 중소 유통 채널을 주로 이용하는 전략을 선택합니다. 휴대폰 판매점에 주는 제품 판매 장려금을 타 업체보다 많이 지급함으로써 브랜드 충성도가 상대적으로 낮은 중국 소비자들을 대상으로 시장을 확대해 나가고 있습니다.

두 기업은 마케팅에도 엄청난 비용을 쏟아붓고 있습니다. 한때 전지현, 송중기가 모델로 활동하기도 했을 정도니까요. 더구나 고성능 스펙에도 비싸지 않은 가격을 책정해 가격 경쟁력도 있습니다. 물론 두 기업 모두 중국 내에서의 판매 비중이 높다는 약점이 있지만 최근 동남아, 인도에까지 판매 기반을 확대한 점은 결코 간과해서는 안 될 부분입니다.

중국에서만 잘 팔리는 제품인데도 글로벌 시장 점유율에서 4~5등을 하니 인구의 힘이 대단하다는 사실을 새삼 느끼게 됩니다. 여하튼 많이 팔리면 팔릴수록 가격 경쟁력이 높아집니다. 그러면 얼마나 두려운 상황이 닥칠까요? 국내 스마트폰 제조업체들은 바짝 긴장해야 할 것입니다.

오포의 스마트폰

자료 : 오포 홈페이지(http://www.oppo.com)

비보의 스마트폰

자료 : 비보 홈페이지(http://www.vivoglobal.com)

국내 스마트폰 시장은 아직까지 외국산 폰의 무덤인 동시에 '이동통신단말장치 유통구조 개선에 관한 법률', 일명 단통법으로 인해 소비자들의 선택권이 많이 제약되어 있습니다. 삼성에서 많은 제품을 쏟아 내기는 하지만 다양성을 확보하기 어려운 것이 사실입니다. 외국 제조 업체와 국내 이동 통신사의 협업이 강화되어 이동 통신사만의 단독 모델들이 출시되는 이유입니다. 보다 저렴한 출고가에 지원금을 더 줄 수 있고, 이동 통신사별로 특화된 프로모션을 만들거나 사은품을 많이 제공하는 만큼 가성비를 중요시하는 소비자들에게는 좋은 대안이기도 합니다.

조심스럽게 향후 시장을 예상해 본다면 애플은 판매량이나 점유율이 더 하락할지도 모르겠습니다. 그러나 이익률에서 나타나듯이 탄탄한 마니아층 덕분에 당분간 위세가 쉽게 꺾이지는 않아 보입니다. 곧 국내에서도 애플 스토어 1호점을 만날 날이 멀지 않았습니다. 아이폰 출시 10주년을 맞이해 엄청난 제품이 출시될 것이라는 기대도 큽니다. 결국 애플은 앞으로도 수년간은 잘 먹고 잘살 것이라고 예상해도 됩니다. 안드로이드 OS 제공사인 구글의 스마트폰 '픽셀'도 상당히 주목해야 할 브랜드가 될 것입니다.

이래저래 삼성이 걱정됩니다. 갤럭시 노트 폭발과 그로 인한 단종이 프리미엄 이미지에 큰 상처를 남겼습니다. 또한 '삼성=최순실(정유라)=뇌물'이라는 연결 고리가 국내 소비자들에게 부정적으로 포지셔닝된다면 국내 시장에서도 타격을 입을 가능성이 높죠.

여기에 단통법까지 폐지되면 어떻게 될까요? 소비자들이 제품을 선택하는 기준 중 하나인 가성비가 더욱 강조될 가능성이 높아지죠. 국내에서 활로를 모색하는 중국의 중저가 폰들이 적극적으로 국내 시장을 공략할 것입니다. 향후 스마트폰의 시장 판도가 크게 뒤바뀔 가능성이 매우 커지는 이유입니다.

소셜커머스 쿠팡의 명암

2016년 5월 소셜커머스 3사인 쿠팡, 위메프, 티몬의 재무제표가 거의 비슷한 시기에 공시되어 엄청난 이슈로 떠올랐죠. 화제의 중심이었던 소셜커머스가 지속 가능한 성장을 할지 많은 사람들이 궁금해하기에 더욱 관심을 끌었습니다. 현재도 소셜커머스 업체들은 기존의 전통적 유통 개념과 다른 자신들만의 방식으로 경쟁하고 판을 키워 나가고 있습니다. 지금부터는 소셜커머스 업체들 중 대표 주자격인 쿠팡에 대해 이야기해 보겠습니다.

먼저 질문 하나 할게요. 여러분은 인터넷과 모바일 가운데 어떤 것을 이용해 온라인 쇼핑을 하나요? 최근 주위의 많은 사람들이 부쩍 모바일로 쇼핑하는 모습을 보이는데요. 모바일 쇼핑 시장의 확대 현상을 통해서도 확인됩니다. 통계청에 따르면 거래액을 기준으로 2015년의 전체 온라인 쇼핑 거래액은 53조 8,883억 원 규모였습니다. 그중 모바일 거래액은 24조 4,645억 원이었죠. 2016년의 전체 온라인 쇼핑 거래액은 64조 9,134억 원이었고, 그중 모바일 거래액은 34조 7,031억 원에 달하는 것으로 나타났습니다. 모바일 쇼핑의 규모가 증가하고 있는 것이죠.

소셜커머스 3사의 연도별 매출액

(단위 : 십억)　　　　　　자료 : 전자공시시스템

소셜커머스 3사의 매출액을 보면 더욱 놀랍습니다. 2013년 2,380억 원에서 2015년 1조 5,470억 원으로 6.5배나 증가했죠. 이처럼 놀라운 매출 성장의 중심에는 쿠팡이 있었는데요. 쿠팡의 매출액은

2013년 480억 원에서 2015년 1조 1,340억 원으로 재무제표 기준으로만 봐도 2,300%라는 어마어마한 매출 성장률을 보였습니다. 전년보다도 300% 이상 성장했으니 정말 대단하죠?

이게 좀 재미있는 부분이 있습니다. 쿠팡의 300% 이상 매출 성장이 거래액이나 고객의 수가 세 배 증가했다는 의미가 아니기 때문입니다. 원래 소셜커머스의 비즈니스 모델은 업체와 고객을 중개하고 수수료를 받는 것이죠. 그런데 쿠팡은 여러분들도 잘 아는 로켓 배송을 내세워 직매입 판매에 집중하고 있습니다. 1조 1,337억 원의 매출 중 9,903억 원이 상품 매출입니다. 상품 매출은 쿠팡이 직접 제품을 업체로부터 구매해서 고객들에게 판매하는 것을 말합니다. 문제는 직매입 거래 증가로 인해 회계적 착시 현상이 발생한다는 것입니다.

쿠팡의 로켓 배송

자료 : 쿠팡 홈페이지(http://www.coupang.com)

쿠팡에서 1만 원에 제품을 판매했다고 가정해 보죠. 과거였다면 이 거래를 통해 발생하는 매출은 1,500원 정도일 것입니다. 하지만 직매입으로 변경하면 1만 원이 그대로 매출로 잡힙니다. 거래액 1만 원에 대해 수수료 모델로 회계 장부를 작성할 때와 직매입 모델로 계산할 때 약 10배의 매출 차이가 발생한다는 뜻이죠.

쿠팡의 실적을 살펴보면 상품 매출이 9,903억 원이고 상품을 구매한 원가는 9,890억 원입니다. 상품 판매로 얻은 실제 수익은 10억 원 정도에 불과하죠. 그래서 적자가 5,470억 원이란 사실은 다방면에서 시사하는 바가 큽니다. 설사 쿠팡맨의 인건비 지출과 물류 센터를 확장해 발생한 손실이라 해도 말이죠.

쿠팡 실적 추이

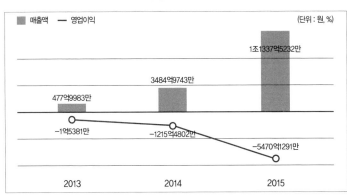

자료 : 금융감독원

예전 저는 쿠팡의 로켓 배송 도입을 극찬했던 적이 있습니다. 쿠팡이 향후 투자 계획을 발표하는 동안 속으로 환호하기도 했죠. 잘만 하면 한국의 아마존이 될 수도 있겠구나 하는 생각도 했습니다. 그렇게 생각한 이유는 경쟁의 판을 가격 할인, 쿠폰 같은 것에서 배송으로 가져왔다는 점 때문인데요. 이름도 기막히게 잘 지은 '로켓 배송'을 도입한 덕분에 순식간에 쿠팡의 브랜드 가치가 어마어마하게 높아지기까지 했습니다. 소프트뱅크의 손정의가 10억 달러를 투자할 당시 쿠팡의 기업 가치는 무려 50억 달러에 달했을 정도로 엄청났습니다. 쿠팡의 성장 배경에는 소비자들에게 '쿠팡=로켓 배송=쿠팡맨'이라는 포지셔닝을 확실히 한 전략이 자리 잡고 있었습니다.

쿠팡의 로켓 배송이 타 업체들과 다른 점은 무엇일까요? 쿠팡은 자신들의 물류 센터를 통해 직접 상품을 관리하고, 쿠팡맨이라는 배송 직원도 채용해 상품 배송까지 책임지는 서비스를 제공하고 있습니다. 직매입을 해서 관리하기에 로켓 배송이 가능해졌죠. 로켓 배송 서비스로 신속하게 상품을 받는 방식을 소비자들이 신선하고 충격적으로 받아들인 것이죠. 9,800원 이상만 구매해도 무료로 24시간 이내 쿠팡맨의 차별화된 서비스를 받는다니, 얼마나 달콤하겠습니까? 쿠팡맨들의 감동 서비스에 미담까지 더해져 마니아층까지 형성됐을 정도입니다.

쿠팡맨을 채용하는 정책은 사회적으로도 대단한 환영을 받았는데요. 2014년 로켓 배송 서비스를 시작하면서 연봉 4천만 원, 6개월 근무 후 정규직 전환 심사, 60%가량 정규직 전환을 약속하면서 대거 쿠팡맨을 채용했죠. 일자리 부족, 청년 실업이라는 사회적 문제에 직면한 대한민국에서 2016년까지 1만 개, 2017년까지 최대 1만 5천 개의 일자리를 만들겠다는 약속은 기존의 대형 전자 상거래 업체들도 보여 주지 못한 파격적인 채용 정책이었습니다.

고용노동부는 쿠팡이 쿠팡맨들에게 연봉 4천만 원 이상을 제공하여 택배 및 물류 업계 고용의 질을 높이는 역할을 하고 있고, 2017년까지 물류 센터를 21개까지 확대하여 양질의 일자리를 창출할 것이라는 점 등을 높게 평가하여 2015년 고용 창출 100대 우수 기업으로 선정하기도 했습니다. 정말 빠른 시간 안에 '쿠팡은 좋은 기업'이라는 긍정적인 이미지를 구축한 것이죠.

과연 쿠팡은 양질의 일자리 창출에 기여하고 있을까요? 안타깝지만 그렇지 않아 보입니다. 우선 2016년까지 1만 명을 채용하겠다던 계획은 지켜지지 않았습니다. 2016년 12월 기준 쿠팡맨은 전년과 거의 동일한 수준인 3,600여 명입니다. 좋은 기업으로 포지셔닝된 상징적인 정책인 정규직 전환 문제는 더욱 심각합니다. 2016년 5월 쿠팡이 밝힌 18개월 이상 근무한 쿠팡맨의 정규직 인원은 167명입니다. 쿠팡맨으로 일하는 3,600여 명 중에서 정규직은 300명 내외로 추산되는데요. 정규직 비율이 10%가 안 된다는 뜻입니다. 비정규직 비율이 무려 90%가 넘는다는 말인데, 왜 정규직 비율이 한 자리 숫자에 그치고 있을까요?

가장 큰 이유는 계약직 직원이 정규직으로 전환되기가 너무 어렵다는 점입니다. 계약직인 쿠팡맨은 2번의 분기 평가를 바탕으로 6개월에 한 번씩 정규직 전환 심사를 받는 기회를 얻습니다. 총 3번(18개월) 안에 심사를 통과하지 못하면 자동으로 계약이 해지됩니다. 또한 정규직 전환 심사를 받는 대상이 되려면 몇 가지 조건을 충족해야 합니다. 고객 만족도 조사에서 거의 만점을 받아야 하고, 근태도 좋아야 하며, 접촉 사고도 일으키면 안 됩니다. 매일 1시간에 20가구 정도를 방문해야 높은 점수를 받고요. 이처럼 빠듯하게 배송하다 보면 자연스럽게 배송 서비스의 질도 떨어질 수밖에 없죠. 고객 만족도 조사의 점수가 좋을 리가 없습니다. 그러니 정규직으로 전환하는 심사 자체가 너무 먼 나라 이야기라는 소리를 듣는 것입니다.

이런 상황이라면 당연히 이직률도 높을 수밖에 없습니다. 물론 쿠팡 입장에서도 계획처럼 쿠팡맨을 늘리기가 어려울 것입니다. 그래도 12시간 이상의 근무 시간, 공중파에 방영되기도 한 비인권적인 근무 환경 등을 보면 정규직을 미끼로 희망 고문만 하는 것은 아닌지 강한 의구심이 들기도 합니다.

지금까지 쿠팡의 명암을 살펴보았는데요. 향후 쿠팡은 어떻게 될까요? 다행히 위의 여러 우려에도 쿠팡은 2016년도에 엄청나게 성장한 것으로 보입니다. 2016년 상반기 매출이 8,680억 원으로 2015년 매출의 76%를 벌써 달성했고, 총 거래 금액도 1조 8,000억 원으로 전년 동기 대비 26%나 증가하는 모습을 보였습니다. 판매하는 상품 수도 70만 개로 전년도에 비해 세 배가량 늘어 긍정적인 신호를 보여 줍니다. 이에 더해 오랜 시간 골머리를 앓았던 '불법 논란'이 사라졌다는 점은 분명 쿠팡에는 엄청난 호재라고 하겠습니다.

국토교통부가 발표한 〈화물운송시장 발전방안〉에 따라 1.5톤 미만의 소형 화물차에 대한 진입 규제가 풀려 좀 더 공격적인 서비스가 가능해졌다는 점도 쿠팡에게는 호재 요인입니다. '로켓페이'의 시장도 점차 커지고 있고, 오픈 마켓인 '마켓 플레이스'를 시작해 멀티 유통 채널 전략을 진행하는 만큼 당분간 좋은 흐름을 보이지 않을까요?

다만 쿠팡의 적자에는 여전히 우려하는 시선이 남아 있는 상태입니다. 실적 문제가 해결되지 않고 있어서입니다. 쿠팡이 초심을 잃지 말고 모두 행복할 수 있는 지속 가능한 기업이 되기를 바랍니다.

혼밥족이여,
당신들이 갑이다!

먼저 질문부터 해야겠네요. '싱글족', '솔로 이코노미', '혼밥족', '편도족', '알봉족', '네오 싱글족', '포미족', '1코노미' 같은 신조어들을 들어 본 적이 있는가요? 다음으로 MBC 〈나 혼자 산다〉, SBS 〈미운 우리 새끼〉, tvN 〈혼술남녀〉와 같은 프로그램들은 어떤 콘셉트일까요? 위에서 언급한 신조어들과 TV 프로그램들 사이의 공통점은 무엇일까요? 짐작하다시피 1인 가구를 중심으로 한 나 홀로 문화를 재미있게 만들거나 보여 주는 것들입니다.

바쁜 시간에 식당이나 카페에서 혼자 테이블을 차지하거나 극장에서 1인 좌석을 예매하기 등이 눈치 보였던 때가 불과 몇 년 전이었습니다. 이제는 상당히 달라졌죠. 아직도 눈치를 보는 경우가 있긴 하겠지만 오히려 '혼족'들을 위한 공간 만들기에 집중하는 곳까지 생겨나고 있습니다. 1인 문화가 상당히 빠르게 변하는 상황이죠. 자발적으로 '싱글족'이라 칭하면서 혼밥, 혼술, 혼영, 혼행 등을 즐기는 사람들도 크게 늘어나는 추세입니다.

1인 가구 증가를 보여 주는 신조어 사례

신조어	정의
혼밥족	혼자 밥 먹는 사람들
싱글슈머	'하나single＋소비자consumer'의 합성어. 혼자 살면서 자신만의 생활 패턴에 따라 상품과 서비스를 소비하는 사람들
편도족	편의점에서 산 도시락으로 간편하게 끼니를 때우는 사람들
알봉족	열매의 개수를 세는 '알'과 봉지 등에 담긴 물건을 세는 '봉'을 결합해 만든 신조어. 물건을 낱개나 소량으로 구매하는 사람이나 무리
포미족 for me	건강for health, 싱글one, 여가recreation, 편의more convenient, 고가expensive의 알파벳 첫 글자를 따서 만든 신조어. 자신이 가치를 두는 제품은 다소 비싸더라도 과감히 투자하는 사람들
1코노미1conomy	'1인＋경제economy'의 합성어. 혼술, 혼밥, 혼영 등 혼자만의 소비를 즐기는 사람들
솔로 이코노미	기업들이 점차 증가하는 1인 가구들을 겨냥한 제품을 개발해 판매하는 현상

사회적으로도 나 홀로 문화를 적극 향유하면서 소비하는 사람들을 파워 컨슈머로 인정하는 분위기입니다. 신조어들이나 인기리에 방영되는 방송 프로그램 등을 보면 말이죠. 이처럼 빠르게 분위기가 변해 가는 이유는 무엇일까요?

통계청 자료에 따르면 혼자 사는 1인 가구가 최근 30년 사이에 9배 가까이 늘어났습니다. 특히 최근 5년여 사이 무려 100만 가구 가까이 증가하면서 2015년에는 드디어 1인 가구 500만 시대가 열렸습니다. 전체 가구 중 1인 가구가 차지하는 비중은 1985년 6.9% 수준에 그쳤지만, 2015년에는 전체(1,911만 1,000가구)의 27.2%를 차지하는 것으로 나타났습니다. 4가구당 1가구가 혼자 살고 있다는 뜻이죠. 오는 2035년에는 1인 가구 비중이 무려 34.3%에 이를 것으로 예상되었습니다. 어느덧 대한민국에서 가장 가구 비중이 큰 가구가 1인 가구가 되었을 정도입니다. 실로 엄청난 증가 속도라고 하겠네요.

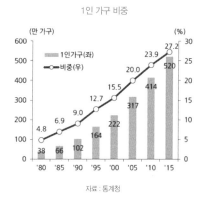

1인 가구 비중

자료 : 통계청

1인 가구를 연령대별로 살펴보면 30대가 18.3%로 제일 높았고, 그다음으로 70대 이상 17.5%, 20대 17% 순이었는데요. 보통 젊은 사람들이 1인 가구의 대부분을 차지할 것 같지만 70대 이상 연령층에서의 1인 가구 증가세도 주목해 봐야겠네요.

다른 의미 있는 수치도 보이는데요. 한국은 전통적으로 2세대 가구의 비중이 컸습니다. 2세대 가구란 부부+자녀, 한 부모+자녀, 부부+양친, 부부+자녀+부부의 형제자매 등의 형태를 말하는데요. 2세대 가구 비중이 1985년 67%에서 2015년 47.2%로 감소했고, 오는 2035년에는 35.9%까지 감소해 1인 가구와 비슷한 수준이 될 것으로 예상됩니다.

이와 함께 1세대 가구(부부)도 1인 가구와 마찬가지로 증가 추세가 이어지고 있습니다. 혹시 '딩크족'이라고 들어 보셨나요? 맞벌이로 인해 아이를 갖지 않길 원하는 부부를 말하는데요. 점점 딩크족들이 늘어나서 사회적으로도 우려가 깊은 실정입니다.

우리나라에서는 아이 키우기 자체가 녹록치 않죠. 육아로 인한 경제적 지출 부담도 많고, 양육 환경도 여전히 개선되어야 할 부분들이 많기 때문이죠. 무조건 아이를 많이 낳으라는 단순한 접근이 아니라 왜 국민들이 딩크족으로 살아갈 수밖에 없는지, 그 근본 원인을 제거하는 종합적인 접근이 필요한 시점입니다.

딩크족의 증가뿐만 아니라 고령화 시대의 노후 파산에 대한 고민 해결도 시급한 상황인데요. 1인 가구 중 70대 이상 연령층의 증가세를 통해서도 확인되는 것처럼 향후 심각한 사회 문제가 될 가능성이

매우 높습니다. 혹시라도 다음 세대의 젊은이들이 부모 세대가 남겨
놓은 부채 문제만 해결하다 정작 자신들은 경제적으로 비참한 삶을
살아가야 하지는 않을지 벌써부터 걱정이 되는군요. 보다 근본적이
고 적극적인 대응이 시급한 시점입니다.

슈퍼갑인 혼족들을
어떻게 꼬셔야 하지?

1인 가구의 증가세가 엄청난 수준입니다. 1인 가구 증가 현상은 우리나라만의 고유한 현상이 아닌 전 세계적으로 나타나는 현상입니다. 유럽과 미국, 일본 등 주요 선진국들의 1인 가구 비중은 이미 2010년도에 20% 중반을 넘어섰고, 대도시들은 50%가 넘는 곳도 있다고 합니다. 그야말로 글로벌한 현상이라고 하겠죠.

이웃 나라 중국도 1인 가구 증가율이 크게 높아지는 모습을 보이고 있습니다. 1990년 6%에서 2015년 14.6%로 두 배 이상 증가한 수치인데요. 향후 중국의 산업 및 사회 정책에도 상당히 큰 영향을 미칠 것으로 예상됩니다.

우리나라에서는 왜 1인 가구가 급증하는 것일까요? 여러 가지 이유가 있습니다만 몇 가지만 살펴보죠. 크게 결혼에 대한 가치관의 변화, 개인주의의 확산, 청년 세대의 경제적 어려움으로 인한 미혼 증가 등을 대표적인 원인으로 꼽을 수 있습니다. 결혼에 대해 별로 필요를 느끼지 못하거나 돈이 없어 어쩔 수 없이 결혼을 하지 못하는 청년 세대들이 점점 늘어나고 있다는 것이죠. 그 외에 청년 실업의 증가, 경제 활동에 참여하는 여성의 확대로 인한 초혼 연령 상승도 한몫합니다. 더불어 이혼 증가, 평균 수명 상승에 의한 독거노인 증가 역시 1인 가구가 늘어나는 원인입니다.

여러분들도 공감이 될 겁니다. 현재 대한민국의 20~30대들은 극심한 취업난을 겪고 있죠. 결혼에 대한 환상도 깨진 데다 어찌어찌 결혼에 성공해 가정을 이루더라도 수도권에 집을 얻기란 정말 쉽지 않은 일이죠. 이런 이유로 1인 가구가 거주하기 적당한 주거 형태인 오피스텔, 원룸, 도시형 생활 주택, 고시텔 등의 인기가 높을 수밖에 없죠.

우리는 왜 1인 가구의 증가에 주목해야 할까요? 몇 가지 통계 데이터가 있습니다. 2014년 가구별 소비 성향을 살펴보면 1인 가구가 80.5%로 다인 가구보다 높았습니다. 가구원 수별 1인당 소비 규모도 92만 원으로 월등히 높았죠. 또한 1인 가구의 소비 지출 규모 역시 2006년 16조 원(전체 민간 소비의 3.3%)에서 2010년 60조 원(전체 민간 소비의 11.1%)까지 증가했습니다. 2030년에는 194조 원으로 전체 민간 소비의 19.6%에 달할 것으로 예상됩니다.

1인 가구의 소비 성향, 월별 지출액이 높은 이유는 무엇일까요? 우선 1인 가구는 주거나 내구재 등 2인 이상의 가구에서 공유할 품목들을 개별적으로 구매해야 합니다. 대량 구매로 인한 경제적 이익을 포기하고 소량 구매를 함으로써 상대적으로 비용이 더 들기도 하죠.

가구원 수별 월평균 1인당 소비 지출 규모와 가구별 소비 성향 비교(2014년)

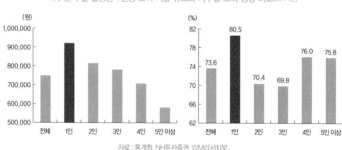

자료 : 통계청, NH투자증권, WM리서치부

그래선지 최근 많은 기업들이 앞다퉈 1인 가구를 위한 발 빠른 움직임을 보이는데요. 소포장 식품, 소형 가전, 1인 대상 서비스업, 쇼핑, 주거 공간 등 핵심 소비층으로 떠오르는 싱글족에 맞춰 다양한 제품들이 쏟아지고 있습니다. 편도족들을 위한 편의점 도시락이 대표적입니다. 실제로 편의점 도시락의 매출이 엄청나게 상승했죠.

대형 마트에서도 1인 가구를 위한 다양한 제품들을 진열하거나 소포장 코너를 별도로 마련하는 등 그야말로 1인 가구 잡기 전쟁을 벌이는 중이죠. 가전 업계에서는 소형 세탁기·냉장고·밥솥·청소기 등 싱글족을 위한 신제품들을 내놓았습니다. 심지어 '코쿤 하우스 cocoon house' 같은 신개념 호텔형 미니 원룸까지 인기를 얻고 있는 실정입니다.

mini 벽걸이형 드럼 세탁기

자료 : 동부대우전자 홈페이지(http://www.dongbudaewooelec.com)

1인 가구의 생활 편의성을 높이기 위한 서비스들도 증가하고 있습니다. 24시 셀프 코인 빨래방, 집안일이나 원룸 청소를 전문적으로 제공하는 서비스 업체 등이 늘어났습니다. 1인 가구를 위한 다양한 애플리케이션도 개발 중이죠. 광고로도 워낙 유명해진 배달의민족, 배달통, 요기요 등 배달 앱과 직방, 다방 등 부동산 앱들이 대표적입니다. 기업 입장에서 보면 엄청난 속도로 증가하는 1인 가구는 새로운 블루 오션이 될 것이 분명한 만큼 빠른 대처가 필요합니다.

이상에서 살펴본 내용처럼 1인 가구의 폭발적인 증가 현상은 단순히 가구 구조의 변화만을 의미하는 것이 결코 아닙니다. 다인 가구에서 1인 가구로 소비 주체가 변하면서 주거 시장과 해당 산업이 빠르게 재편되고 있습니다. 1인 가구의 경제적인 영향력 확대는 향후 정부의 정책에도 상당한 변화를 가져오리라 보입니다.

마지막으로 이 말은 꼭 하고 싶네요. 사회는 급변하고 앞으로도 1인 가구 비중은 더욱 늘어날 것입니다. 건강한 사회에서는 청춘들이 결혼하고 싶으면 결혼할 수 있어야 합니다. 노력하면 청춘들이 원하는 주거 환경을 갖출 수 있어야 합니다. 힘들더라도 젊었을 때 노력하면 늙어서 노후 파산을 걱정하지 않아야 합니다. 제발 이런 나라가 되길 진심으로 바랍니다.

주식 시장에서 사람들은 이성적인 선택을 할까?

'주식 시장은 합리성이 작동하는 이성적인 시장일까요?'

'경제학에서 말하는 것처럼 합리적인 경제 주체들이 주식 시장에 참여하고 있을까요?'

위와 같은 질문에 선뜻 '그렇다'고 대답하기 어려운 것이 사실입니다. 전통적으로 주식 시장에서 투자자들은 위험과 수익률이라는 두 가지 기준에 따라 합리적인 투자를 하는 의사 결정을 한다고 가정하죠. 그렇다면 현실에서도 모든 투자자들이 합리적인 투자를 하고 있을까요?

그렇지는 않습니다. 왜 그럴까요? 뭐, 새삼스러운 일은 아니지만 주식 시장에서 빈번하게 비이성적인 상황을 목도할 수 있습니다. 주식 시장에서 빈번하게 발생하는 비이성적인 투자와 관련해 학계에서도 이미 상당한 연구를 해오고 있는데요. 대표적인 몇 가지를 통해 주식 시장에서 종종 나타나곤 하는 비합리적인 선택들을 살펴보도록 하죠.

2007년 8월 저명한 경영 학술지인 〈저널 오브 파이낸스Journal of Finance〉에 재미있는 연구 결과가 발표되었습니다. 알렉스 에드먼스Alex Edmans, 디에고 가르시아Diego Garcia, 오이빈 노를리Oyvind Norli 등 세 사람이 공동으로 발표한 〈Sports Sentiment and stock returns〉라는 제목의 연구랍니다. 하키, 야구, 축구, 크리켓, 럭비 등 2,000여 개의 국제 스포츠 경기와 주식 시장 간의 상관관계를 분석했습니다. 그랬더니 경기에 진 나라의 주식 시장에서는 경기 다음 날 평균을 밑도는 수익률을 기록하는 경향을 보였다고 합니다. 투자자들이 스포츠 경기 결과에 심리적으로 반응했다고 볼 수 있는 것이죠.

진짜 재미난 부분은 경기에 이긴 나라에서 발견되었습니다. 경기에 진 나라의 주식 시장에서 평균을 밑도는 수익률을 기록했다면, 경기에 이긴 나라의 주식 시장에서는 평균을 상회하는 수익률이 나타나야 정상이지 않을까요? 연구 결과에 따르면 현실은 전혀 그렇지 않았습니다. 경기에 이긴 나라의 주식 시장에는 다음 날 별 영향을 미치지 못하는 것으로 나타났기 때문입니다.

경기에 진 나라의 주식 시장에서는 평균을 밑도는 수익률이 나타나고 이긴 나라의 주식 시장에서는 별 영향을 미치지 못하여, 종합해 보면 글로벌 증시로는 평균 이하의 수익률을 기록하는 것이죠. 그렇다면 사람들은 승리했을 때의 기쁨보다 패배했을 때의 실망감에 더 크게 반응한다는 의미인데요. 합리성이라는 관점에서 보면 분명 비합리적인 반응이라고 할 수 있습니다.

스포츠 선수와 관련된 회사들의 주가 반응 사례들을 살펴봐도 일관적이지 않은 모습을 보여 왔다는 사실이 확인됩니다. 일관적이지 않다는 뜻은 그야말로 그때그때 다르다는 뜻인데요. 대표적으로 미국 프로 농구 NBA의 전설적인 농구 선수 마이클 조던과 축구 황제 펠레를 들 수 있습니다. 두 스포츠 종목 모두 세계에서 가장 인기 있는 종목인 데다 동시대를 대표하는 스타였다는 두 사람은 공통점이 하나 있었습니다. 바로 코카콜라라는 글로벌 브랜드의 모델이었다는 점입니다.

농구 스타였던 마이클 조던이 잠깐 동안의 은퇴를 끝내고 복귀를 선언했던 날 코카콜라의 주가는 급등했습니다. 이에 비해 펠레로 대표되는 브라질 월드컵 대표 팀이 월드컵 3회 연속 우승을 차지한 날의 코카콜라 주가는 별다른 움직임이 없었습니다.

이뿐만이 아닙니다. 올림픽 때마다 주식 시장에서 테마를 형성하는 올림픽 수혜주의 경우에도 이상한 모습을 보이곤 합니다. 일례로 밴쿠버 동계 올림픽 당시에 독점 중계권을 갖고 있던 SBS의 주가 흐름을 들 수 있습니다.

피겨 스케이팅의 월드 스타인 김연아를 비롯한 대한민국 선수들이 호성적을 거두자 당시 독점 중계권을 갖고 있던 방송국인 SBS의 주가 흐름이 강세를 띨 것이라고 예상되었습니다. 많은 사람들이 그렇게 생각했었죠. 그러나 SBS의 주가는 올림픽 기간 동안 지속적으로 약세를 보였습니다. 반대로 스포츠 관련 업체들의 주가는 크게 상승하는 모습을 보인 바 있습니다.

SBS는 2010년 남아공 월드컵도 독점 중계권을 갖고 있었습니다. 세계적인 스포츠 축제로 자타가 공인하는 월드컵 대회의 독점 중계권을 확보하고 있었죠. 사상 최초로 원정 월드컵 16강 진출이라는 쾌거까지 더해지면서 주가 흐름 또한 긍정적일 것이라고 예상되었지만 실제로는 그렇지 못했습니다.

2010년 동계 올림픽과 월드컵이라는 글로벌 스포츠 축제의 독점 중계권을 확보하고 있었던 SBS는 그해 영업 적자를 기록하기까지 했습니다. SBS는 분명 독점 중계권의 확보가 자사의 수익 창출에 긍정적이라고 예측했을 것입니다. 합리적인 예측임에 분명합니다. 그러니 당연히 SBS의 주식 가격도 상승하는 모습이 나타났어야만 하죠. 하지만 실제 시장에서 나타난 SBS의 주가 흐름은 상승과는 거리가 먼 모습이었습니다.

영국의 브렉시트Brexit 찬반을 가르는 국민 투표 과정에서도 비합리적인 선택이 잘 나타난 바 있습니다(여기서는 브렉시트 자체가 옳다, 그르다는 가치 판단은 배제해야겠죠?). 브렉시트는 신조어랍니다. 영국을 의미하는 단어인 'Britain'과 탈퇴를 의미하는 단어인 'Exit'가 결합되어 만들어진 단어가 브렉시트입니다. 2016년 상반기의 가장 핫한 이슈였고 언론들도 앞다퉈 다뤘기에 여러분들도 브렉시트가 무엇인지 잘 이해하고 있으리라 생각합니다.

그렇습니다. 여러분들도 잘 알듯이 브렉시트는 '영국의 유럽연합 EU 탈퇴' 정도로 이해하면 되는데요. 현지 시각으로 2016년 6월 24일 영국 선거관리위원회가 국민 투표에서 찬성 51.9%, 반대 48.1%로 EU 탈퇴를 선택했다고 공식 발표함으로써 브렉시트가 현실화되었습니다.

브렉시트 투표 최종 결과

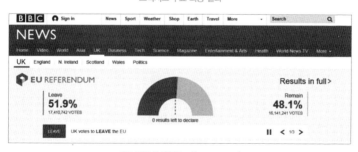

자료 : BBC 홈페이지(http://www.bbc.com)

EU 탈퇴로 영국은 적지 않은 손실을 감수해야 할 것으로 예상됩니다. 예를 들면 종전 단일 시장에 속해 있었기에 가능했던 혜택들이 사라지겠죠. 곧 교역의 감소라는 결과를 초래할 것입니다. 더 큰 문제는 영국을 지탱하는 큰 산업이라고 할 금융 허브로서의 지위 약화를 피할 수 없을 것이라는 점입니다. 단적인 예로 영국의 프리미어 리그가 세계 최고의 프로 축구 리그로 성장한 배경에는 막대한 자본 유입이 자리 잡고 있었다는 사실은 여러분도 잘 알고 있을 테지요. 과연 그 자금들은 어디를 통해서 어떻게 유입되었을까요? 답은 너무 간단하겠죠?

그렇다면 영국인들은 브렉시트의 의미가 무엇인지 정확히 인지하고, 다시 말해 합리적인 의사 결정에 기초해 탈퇴를 결정했을까요? 안타깝지만 그렇지 않았던 것 같습니다. 객관적 근거에 기반한 정보를 국민들이 충분히 받아들이지 못한 상태에서 다소 감성적으로 투표를 했다는 정황들이 많이 나타났기 때문입니다.

다음은 브렉시트 국민 투표 과정에서 찬반 양측 진영 간에 첨예하게 대립했던 주요 이슈들입니다. 특히 이민자 문제와 EU 분담금과 관련된 잘못된 정보들이 진실인 양 잘못 알려졌고, 이것이 영국 국민들의 표심에 큰 영향을 미쳤다는 사실이 뒤늦게 밝혀졌는데요.

찬성파들이 주장했던 브렉시트가 필요한 이유

① EU에 납부하는 분담금을 공공 의료 시스템NHS 재원으로 활용

② 영국의 자유 무역 확대를 통한 일자리 창출

③ 국경 통제를 통한 불법 이민 억제

④ 테러 의심자 추방을 통한 국가 안보 확립

⑤ 부가가치세 인하를 통한 에너지 부담 경감

⑥ EU가 영국 군대를 강제 차출하지 못하게 방지

⑦ 터키의 EU 신규 가입으로 인한 터키계 이민자의 대거 유입 방지

EU에 납부하는 분담금을 공공 의료 시스템 재원으로 활용하자는 내용

자료 : Vote Leave 홈페이지(www.voteleavetakecontrol.org)

일단 이민자 문제를 살펴보죠. 이민자 유입으로 인해 영국 국민

들이 감수해야 할 부담이 있기는 합니다만, 부담의 크기에 비해 얻을 수 있는 이익이 더 크다는 것은 각종 연구 보고서들을 통해 입증된 바 있습니다. 그럼에도 어떤 이유에서인지 이민자들이 영국 경제와 국민들에게 부담 요인으로 작용한다는 내용만 부각되었던 것입니다.

EU 분담금과 관련된 내용도 사실과는 큰 차이가 있었습니다. 브렉시트 찬성 측은 영국 정부의 EU 분담금이 매주 3억 5,000만 파운드라고 주장했습니다. 실제로 영국 정부의 EU 분담금은 주당 2억 7,600만 파운드였는데요. 여기에 1억 1,500만 파운드를 농민 보조금, 대학 자금, 빈곤층 지원 등을 목적으로 영국이 되돌려 받기 때문에 실질 부담금은 1억 6,100만 파운드가 되는 구조였습니다.

영국과 영국 국민들에게 브렉시트 찬반 투표는 매우 중요한 선택이었습니다. 어느 때보다 이성적인 선택을 해야 했죠. 그런데 그렇게 하지 못했습니다. 이런 사실을 보면 '사람들은 합리적인 선택을 한다'라는 말에 의구심이 들게 됩니다. 사람들은 과연 주식 시장에서 합리적인 선택을 하고 있을까요?

부자, 그들은 누구인가?

'부자'라는 단어를 접할 때마다 우리는 종종 몇 가지 궁금증을 갖곤 합니다. 대표적인 것을 몇 가지 들어 보죠. '부자들은 어떤 사람들일까?', '어떻게 부자가 되었을까?', '부자가 되는 가장 좋은 방법은 무엇일까?', '어떻게 하면 나도 부자가 될까?', '부자 지위를 유지하는 방법은 무엇일까?' 등입니다.

대한민국 사회에서 부자라는 단어는 긍정적이지 않은 의미로 받아들여지는 경우가 많죠. 적어도 아직까지는 그렇습니다. 부자라는 단어가 왠지 모르게 '부정부패', '뇌물', '불공정한 경쟁' 등과 연결되지요. 막연하지만 알게 모르게 내가 피해를 보고 있다는 생각이 들기도 합니다. 그래도 부자가 되고 싶지 않은 사람들은 없죠. 아이러니가 아닐 수 없습니다.

부자란 곧 하고 싶은 일을 하는 데 있어 적어도 돈은 큰 문제가 되지 않는다는 의미입니다. 그래서 누구나 부자가 되고 싶어 하죠. 그럼 어떻게 하면 부자가 될까요? 안타깝게도 부자가 되는 왕도는 없는 것 같습니다. 만약 부자가 되는 특정한 방법이 존재한다면 분명 교육을 통해 이미 모든 사람들이 부자가 되었을 것입니다. 다만 '어떻게 하면 부자가 될까?'라는 질문에는 사람에 따라 서로 다른 답을 하겠죠.

재미있는 설문을 하나 소개해 볼까 합니다. 2015년 10월 취업 포털 '사람인'이 대한민국 성인 남녀 2,979명을 대상으로 '부자의 기준'에 대한 조사를 한 적이 있는데요. 조사에 따르면 대한민국 성인들은 부자가 되는 가장 빠른 방법으로 '부모님 재력 등 유산 44.1%', '로또 등 복권 18.2%', '자기 사업, 창업 14.5%', '다양한 재테크 기술 활용 10.6%', '본인 억대 연봉 6.3%', '꾸준한 저축 4.4%' 등의 순서로 응답했습니다. 자기 스스로 노력해서 부자가 되기보다 외적인 도움으로 부자가 되는 것이 가장 빠른 방법이라는 응답이 2배 가까이 많았다는 점이 재미있습니다. 자신의 노력으로 부자 되기가 그만큼 어려워진 세태를 보여 주는 결과라고 하겠습니다.

한 가지 궁금증이 생기는군요. '한 나라에서 부자로 분류되는 사람들은 과연 얼마만큼의 재산을 보유하고 있을까?'라는 질문입니다. 위에서 언급한 설문 조사에 살짝 답이 나와 있는데요. 대한민국 성인 남녀들이 생각하는 부자의 기준은 총자산이 평균 34억 원 이상인 것으로 나타났습니다.

부자에 관한 보다 자세한 자료는 하나금융경영연구소의 〈2017 Korean Wealth Report(이하 2017년 한국의 부자 보고서)〉를 통해 확인할 수 있습니다. KEB하나은행의 PB(Private Banking) 서비스를 이용하는 고객들을 대상으로 분석한 것이어서 보다 실제적 사실에 가깝게 대한민국 부자들을 분석한 자료라고 하겠습니다.

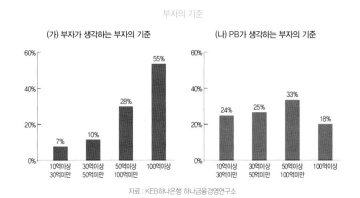

부자의 기준

자료 : KEB하나은행 하나금융경영연구소

〈2017 한국의 부자 보고서〉는 부자들 스스로 생각하는 기준과 부자들을 상대하는 PB들이 생각하는 기준으로 나눠서 분석했는데요. 보고서에 따르면 PB들에 비해 부자들이 기준을 좀 더 엄격하게 적용하고 있었습니다.

부자들은 부채를 제외한 순 자산이 100억 원 이상은 되어야 부자라는 답을 했습니다. 반면 부자들과 일선에서 수시로 접하는 PB들은 순 자산이 50억 원 이상이면 부자라고 답했습니다. 이외에도 금융 자산이 많은 부자일수록 부자의 기준을 보다 엄격하게 따지는 것으로 분석되었는데요. 예를 들어 금융 자산이 10억 이상~30억 원 미만인 부자들은 평균 86억 원을 부자의 기준이라고 응답했고, 30억 이상~50억 원 미만인 부자들은 평균 102억 원을 부자의 기준이라고 응답했습니다.

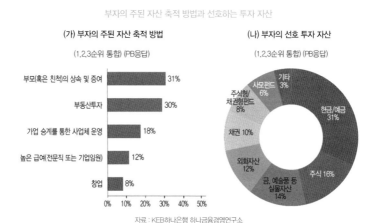

부자의 주된 자산 축적 방법과 선호하는 투자 자산

(가) 부자의 주된 자산 축적 방법
(1,2,3순위 통합) (PB응답)

- 부모(혹은 친척)의 상속 및 증여 — 31%
- 부동산투자 — 30%
- 기업 승계를 통한 사업체 운영 — 18%
- 높은 급여(전문직 또는 기업임원) — 12%
- 창업 — 8%

0% 10% 20% 30% 40% 50%

(나) 부자의 선호 투자 자산
(1,2,3순위 통합) (PB응답)

- 기타 3%
- 사모펀드 6%
- 주식형/채권형펀드 8%
- 채권 10%
- 외화자산 12%
- 금, 예술품 등 실물자산 14%
- 주식 16%
- 현금/예금 31%

자료 : KEB하나은행 하나금융경영연구소

그렇다면 〈2017 한국의 부자 보고서〉가 분석한 부자들은 어떻게 부자가 되었을까요? 현재 보유한 자산 가운데 부모나 친척으로부터 상속이나 증여를 받은 자산이 있다고 응답한 부자가 56%였고, 상속이나 증여를 받지 않은 자수성가형 부자가 44%로 나타났습니다.

한편 PB들은 경험에 기초해 부자들의 주요 자산 축적 방법으로 부모나 친지로부터의 상속이나 증여, 부동산 투자, 가업 승계, 높은 수준의 급여, 창업 등의 순으로 응답했습니다. 큰 틀에서 보면 취업 포털 '사람인'이 조사한 부자의 기준과 크게 다르지 않음을 알게 됩니다. 적어도 대한민국 사람들이 생각하는 부자 되기 방법은 큰 차이가 없는 것 같군요.

온·오프라인 플랫폼 비즈니스가 뜬다

2016년 에릭슨이 발표한 보고서 〈Ericsson Mobility Report〉에 따르면 스마트폰 가입자 증가에 힘입어 전 세계의 이동 통신 가입자 수는 73억 명으로 나타났습니다. 미국 인구조사국이 추산한 전 세계 인구를 넘어선 수치였습니다. 전 세계 사람들이 이동 통신 가입자라 해도 과언이 아닙니다. 이동 통신 가입자 수가 연평균 3% 정도로 성장한다고 가정할 경우 2021년에는 무려 91억 명 수준이 될 것으로 예측됩니다.

IT 강국인 우리나라도 약 88% 정도가 모바일을 사용하여 인터넷을 즐기고 있습니다. 2015년 한국인터넷진흥원의 〈2015 모바일 인

터넷 실태 조사〉에 따르면 초고속 인터넷에 가입한 숫자에 비해 약
3배 정도가 많은 수치입니다.

모바일 사용자의 절반 이상은 쇼핑을 즐기는 것으로 나타났습니다. 일례로 2016년 7월 기준 온라인 쇼핑 거래액은 5조 5,656억 원으로 전년 동월 대비 17.4% 증가하였습니다. 그중 모바일 쇼핑 거래액은 2조 9,320억 원으로 36.9% 증가했습니다. 요즘에도 온라인 쇼핑 규모는 지속적으로 성장하고 있는데, 특히 모바일 거래액이 크게 증가하고 있습니다. 이제 모바일 없이는 아무것도 못 하는 시대라는 말이 실감이 갑니다.

온라인 쇼핑 거래액 동향

(억원, %)

구 분	2014년 7월		2015년 7월		2016년 6월ᵖ		2016년 7월ᵖ		증 감 률 전 월 비	증 감 률 전 년 동 월 비
		구성비		구성비		구성비		구성비		
총 거래액	39,401	100.0	47,413	100.0	51,854	100.0	55,656	100.0	7.3	17.4
모바일 거래액	13,007	33.0	21,420	45.2	27,088	52.2	29,320	52.7	8.2	36.9

자료 : 통계청

이동 통신 가입자가 증가한 원인은 쇼핑, 검색 등 다양한 서비스를 모바일에서도 자유롭게 이용할 수 있다는 점에서 찾아집니다. 소

비자들이 원하면 언제 어느 곳에서든 편리하게 쇼핑하게 해주는 것이 바로 모바일 쇼핑입니다.

2016년 DMC미디어의 〈2016 쇼핑 시장의 현황과 전망〉에 따르면 모바일 기기를 활용한 소비자들의 다양한 소비 패턴들이 나타나고 있는데요. 오프라인 매장에서 제품을 비교 검색한 후 온라인에서 구매하는 '쇼루머showroomer', 제품을 온라인에서 확인하고 오프라인으로 구매하는 '역쇼루머reverse-showroomer', 오프라인에서 제품을 확인하고 모바일로 구매하는 '모루머mobile-showroomer' 등이 대표적입니다.

소비자 유형별 내용

소비자 유형	제품 정보원	실제 구매	특징
쇼루머	오프라인	온라인	온라인 구매
역쇼루머	온라인	오프라인	온라인 정보
모루머	오프라인	온라인	모바일 구매
옴니쇼퍼	온 · 오프라인	온 · 오프라인	쇼루밍, 역쇼루밍 모두 활용

'전통적 구매 패턴→인터넷→모바일'로 급속히 진화하는 소비자들의 새로운 구매 유형에 대응하기 위해 기업들은 O2Oonline to offline 서비스에 집중하고 있습니다. O2O란 근거리 무선 통신NFC과 위치기반 서비스를 바탕으로 수요자와 공급자를 온라인과 오프라인 양방향으로 연결하는 새로운 전략적 마케팅 개념입니다.

O2O 서비스는 예를 들어 설명하면 좀 더 이해하기 쉽습니다. 독자 여러분들이 요즘 많이 사용하는 '요기요', '배달의민족' 같은 배달 전문 애플리케이션이 바로 초기 O2O 서비스였답니다. 마케팅, 결제, 판촉 행위 등 모바일과 오프라인 구매를 연결한 비즈니스 모델이라고 할 수 있죠. 지금은 택시, 숙박업, 부동산 중개업, 뷰티 산업, 가사 도우미 등 다양한 분야에서 O2O 서비스 비즈니스가 진행되고 있습니다.

여기서 한 가지 궁금한 점이 생기지 않나요? 최근 부쩍 사용 빈도가 높은 애플리케이션들이 대부분 O2O 서비스에 기반한 비즈니스인데, 과연 시장 규모는 얼마나 될까요?

스마트폰 보급률 확산과 NFC, 비콘Beacon 등 무선 통신 기술의 발달로 온·오프라인의 경계가 모호해지면서 다양한 O2O 서비스가 제공되고 있습니다. 갈수록 시장 규모가 커질 수밖에 없죠. O2O 시장의 규모는 온·오프라인 시장이 합쳐지는 교집합 영역이라고 할 수 있습니다. 모바일과 사물 인터넷IoT 기술의 발전으로 온라인 시장이 커지면서 교집합이 늘어 향후 전체 오프라인 시장이 O2O 시장이 될 것으로 보입니다. 2014년 KT경제경영연구소의 〈2015년 ICT 10대 주목 이슈〉에 따르면 오프라인 상거래 규모는 320조 원 정도로 추산되며, 온라인 상거래 중 모바일 상거래 규모는 15조 원인 것으로 예측되었습니다.

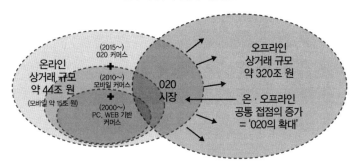

O2O 의미와 국내 잠재 시장 규모

온라인 상거래 규모 약 44조 원
(모바일 약 15조 원)

(2015~) O2O 커머스
+
(2010~) 모바일 커머스
+
(2000~) PC, WEB 기반 커머스

O2O 시장

오프라인 상거래 규모 약 320조 원

온·오프라인 공통 접점의 증가 = 'O2O의 확대'

자료 : KT경제경영연구소, 2015년 ICT 10대 주목 이슈, 2014.

O2O 시장의 확산은 우리나라에만 국한된 현상이 결코 아닙니다. 중국 역시 바이두, 알리바바, 텐센트를 중심으로 매년 시장 규모가 가파르게 성장하고 있습니다. 중국 상무부에 따르면 2015년 중국의 O2O 시장 규모는 4,655억 위안(한화 83조 777억 원)에 달하는 것으로 나타났습니다.[*] 중국이 '인터넷 플러스' 정책을 통해 모바일 인터넷, 클라우드 컴퓨팅, 빅데이터, 사물 인터넷을 전통 산업과 결합시켜 산업 구조 혁신과 고도화를 추진하고 있다는 점이 상당한 영향을 준 것으로 분석됩니다.

중국은 이미 다양한 분야에서 O2O 서비스를 제공하고 있어 성

[*]   i-KIET, 중국 O2O 시장 현황과 정책적 시사점, i-KIET 산업경제이슈, 제3호, 2017. 1.

숙기에 접어들었다고 할 수 있습니다. 경쟁력 없는 업체들이 도산하거나 인수, 합병되는 경우가 비일비재합니다. 최근 중국 시장이 거대 인터넷 기업인 B.A.T_{Baidu, Alibaba, Tencent}로 재편되는 과정에 있는 이유가 여기에 있습니다.

바이두, 알리바바, 텐센트의 주요 O2O 서비스

기업명	주요 O2O 서비스
바이두	우버(차량 공유) 누오미(온라인 상거래)
알리바바	디디콰이처(택시 예약, 텐센트와 합병) 어러머(음식 배달 서비스) 코우베이(음식 배달) 메이퇀(소셜커머스)
텐센트	디디콰이처(택시 예약, 알리바바와 합병) 다종디엔핑(맛집 정보)

자료 : i-KIET, 2017.

사실 중국의 O2O 기업들은 사업 모델이 중개 서비스 중심이어서 수익 구조가 취약한 편입니다. 게다가 정부 자금에 의존하는 비중이 매우 높은 편이라 스스로 생존하는 능력이 부족하죠. 자생력 확보가 가능한 생태계 구축이 매우 필요한 상황입니다.

O2O 서비스의 특성상 피할 수 없는 문제도 생깁니다. 오프라인과 온라인의 확장을 도모하고 이를 기반으로 성장하고 있기에 전통적인 시장과의 충돌이 새롭게 대두하고 있습니다. 그럼에도 향후 중

국의 O2O 서비스는 모바일 플랫폼을 넘어 IoT 등 다양한 플랫폼과 결합할 것으로 예상됩니다. 중국 정부도 기술 혁신, 전문 인력 확보를 지원하고 제도와 정책을 지속적으로 추진 중입니다.

이상에서 살펴본 바와 같이 O2O 서비스는 향후 우리 경제에서 상당히 중요한 비즈니스 영역이 될 것입니다. 하지만 아직 이웃 나라 중국에 비해 O2O 서비스의 활성화 정도가 더딘 형편입니다. 보다 적극적으로 O2O 서비스를 기반으로 하는 비즈니스를 적극 육성하기 위해 제도적 장치를 마련하고 전문 인력 육성에 나서야 할 것입니다.

O2O 서비스의 유형과
향후 전망

　O2O 서비스는 시장 채널 확장 유형과 플랫폼 서비스 유형으로
구분할 수 있습니다. 먼저 시장 채널 확장에는 다시 아마존, 알리바
바와 같이 온라인에서 오프라인으로 시장을 확장하는 유형과 롯데
백화점, 이마트와 같이 오프라인에서 온라인으로 시장을 확대하는
유형이 있습니다.

　플랫폼 서비스 유형에는 다음카카오, 네이버와 같이 플랫폼 사업
자의 O2O 서비스 제공 유형과 에어비앤비, 우버, 배달의민족, 직방
과 같이 플랫폼 기반 애그리게이터_{Aggregator} 유형이 있습니다. 애그
리게이터란 여러 회사의 상품이나 서비스 정보를 모아 하나의 웹사

이트에서 제공하는 기업을 말합니다. 다음은 국내 주요 O2O 업체
들입니다.

O2O 서비스의 유형 및 주요 사업자

유형	내용
시장(채널) 확장	온라인 → 오프라인으로 채널 확장 사례 기업 : 아마존, 알리바바
	오프라인 → 온라인으로 채널 확장 사례 기업 : 롯데백화점, 이마트
플랫폼 서비스	플랫폼 사업자의 O2O 서비스 제공 사례 기업 : 다음카카오, 네이버
	플랫폼 기반 Aggregator 사례 기업 : 에어비앤비, 우버, 배달의민족, 직방

자료 : 디지에코 보고서, O2O, 커머스를 넘어 On–Demand Economy로, 2015. 10. 14.

제공 서비스별 국내 주요 O2O 업체

서비스 영역	업체	서비스명
주문	우아한형제들, RGP 코리아, 신세계	배달의민족, 요기요, 배달통, 쏙
택시	다음카카오, 네이버	카카오택시, 라인택시
부동산	직방, 스테이션3	직방, 다방
렌터카	쏘카, 그린카	쏘카, 그린카
숙박	에어비앤비, 야놀자, 위드이노베이션	에어비앤비, 야놀자, 여기어때

자료 : LIG투자증권, 간편 결제와 O2O, 2015, KISTI 마켓리포트, 2016, 재인용.

그럼 지금부터 O2O 서비스가 어떻게 작동하고 있는지 살펴볼
까요?

아마존의 '대시Dash'부터 알아보겠습니다. 대시는 소비자 구매 서비스를 제공하는 대표적인 O2O 서비스입니다. 스마트 디바이스를 상품의 바코드에 인식하면 아마존 계정과 연동되어 구매와 동시에 결제가 가능하도록 해주는 O2O 서비스입니다.

대시보드가 스마트폰에 설치되어 있는 아마존 앱을 통해 연동되어 있습니다. 주문이 완료되면 스마트폰이나 이메일로 주문 완료를 알려 주죠. 대시버튼을 여러 번 눌러도 한 번만 주문되기에 안심하고 주문할 수 있습니다. 주문이 완료되어도 취소가 가능하다는 장점도 있습니다. 아마존의 대시 서비스는 IoT 기술과 결합되어 제공되는 O2O 서비스보다 첨단화된 사례라 하겠습니다.

아마존의 Dash

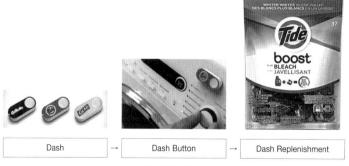

자료 : 아마존 홈페이지

다음으로 스타벅스의 '사이렌 오더Siren Order'가 있습니다. 사이렌 오더는 스마트폰에 설치되어 있는 서비스 앱을 구동한 후 근처 매장에 들어서면 자동으로 주문 메뉴가 뜨게 합니다. 원하는 음료를 주문하고 기다리면서 결제하는 모든 과정이 모바일로 진행되어 매우 편리하죠.

이번에는 플랫폼 서비스 공급 업체를 살펴보겠습니다. 우선 우리에게 너무나 친숙한 다음카카오입니다. 다음카카오의 플랫폼 기반 서비스는 기존 고객을 활용해 오프라인 서비스를 제공하기 용이합니다. 일례로 '카카오택시'를 들 수 있는데요. '카카오택시'는 모바일 플랫폼과 택시 운송 서비스를 결합해 시작한 O2O 서비스입니다. 모바일 앱에서 출발지와 목적지를 지정한 후 택시를 호출해 소비자와 연결시켜 주는 것이 핵심이죠.

마지막으로 플랫폼 기반 애그리게이터인데요. 현재 국내 O2O 서비스 사업자 대부분이 '직방', '여기어때', '배달의민족' 등과 같은 중개 서비스를 제공하면서 시장을 창출하고 있다고 보시면 됩니다.

이상에서 살펴본 것처럼 O2O 서비스는 무궁무진한 비즈니스 기회를 창출할 수 있습니다. 하지만 그전에 극복해야 할 장애물이 있습니다. O2O 서비스가 직면한 장애물에 대해 살펴보죠.

무엇보다 가장 큰 장애물은 관련 법규의 정비입니다. O2O 서비스 비즈니스의 발전 속도를 관련 법규들이 따라가지 못하고 있습니다. 업체들 간의 공정 거래 위반 행위에 대한 정부의 가이드라인 제시도 시급한 실정입니다. 특히 서비스 이용자들의 개인 정보 보호를 위한 정책들이 마련되어야 합니다. 그래야 소비자들이 안심하고 이용할 수 있습니다.

수익 모델의 다양화도 큰 장애물입니다. O2O 서비스 제공 업체들의 주 수익원이 중개 서비스 수수료입니다. 과연 이것만으로 치열한 경쟁 상황에서 살아남을까요? 안타깝지만 일부 서비스의 경우 벌써 초과 공급 조짐이 나타나고 있습니다.

그렇다면 O2O 서비스의 미래는 어떻게 될까요? 국내 O2O 서비스 시장은 아직 시작 단계에 머물러 있어서 향후 성장 잠재력이 매우 긍정적입니다. O2O 서비스 시장의 미래 성장을 유추할 수 있는 모바일 결제 시장의 성장 추이는 이런 전망을 뒷받침해 줍니다.

미국 리서치 업체인 가트너의 연구에 따르면 세계 모바일 결제 시장은 2011년부터 2016년까지 연평균 42.2% 성장할 것으로 추정되었습니다. 또한 2016년 세계 모바일 결제액이 6,169억 달러에 이를 것으로 전망한 바도 있습니다. 갈수록 모바일 결제 시장의 규모가 커지고 있다는 뜻인데요. 과연 이러한 트렌드가 의미하는 것은 무엇일까요? O2O 서비스의 시장 규모도 함께 커질 것이라는 의미가 아닐까요?

O2O 서비스의 국내외 시장 규모 및 전망

(단위 : 억달러, 조원)

구분	2014	2015	2016	2017	2018	2019	2020	CAGR(%)
세계 시장	91.5	130.1	185.0	263.1	374.1	531.9	756.4	42.2
국내 시장	1.1	1.5	2.1	3.0	4.3	6.1	8.7	

자료 : 한국과학기술정보연구원, O2O 서비스, 마켓 리포트, 2016.8.

최근에는 O2O 서비스가 소비자 수요에 맞춘 맞춤형 서비스인 온디맨드On-demand 형태로 진화하고 있습니다. 개인화된 고객의 수요에 맞추어 기업이 즉각적으로 반응하는 수요자 중심 경제 체제로 확대되고 있다는 뜻이죠. O2O 서비스의 확산이 소비자들의 삶의 질에 얼마나 긍정적인 영향을 주게 될지 지켜보는 것도 매우 흥미롭지 않을까 생각해 봅니다.

TALK
#014

공유 경제를 즐겨라!

우버, 에어비앤비의 공통점은 무엇일까요? 바로 공유 경제Sharing Economy를 대표하는 기업들이라는 점입니다. 두 회사 모두 엄청난 기업 가치를 자랑한다는 점도 공통점이라고 하겠죠.

2009년에 설립된 우버의 기업 가치는 무려 625억 달러(약 72조 원)로, 미국을 대표하는 자동차 회사인 GM이나 포드의 기업 가치보다 높습니다. 에어비앤비의 시장 가치도 300억 달러(36조 2,250억 원)에 달하죠. 대형 호텔 체인인 힐튼, 메리어트의 시가 총액보다 높은 수준이죠. 두 기업에 대한 기대치가 얼마나 굉장한지 알게 해주는 대목입니다. 도대체 공유 경제가 무엇이기에 두 회사가 짧은 역사에도 엄청난 기업 가치를 가지게 되었을까요?

전통 경제와 공유 경제의 비교

전통 경제		공유 경제
소유		공유
자원 고갈	패러다임 변화	자원 절약
이윤 창출		가치 창출
경쟁		신뢰
과잉 소비		협력적 소비

자료 : 부산발전연구원, 도시재생 소프트전략으로서 공유경제 적용방안, 2013.

공유 경제라는 용어는 2008년 하버드대 로렌스 레식Lawrence Lessig 교수가 처음으로 사용했는데요. 제품을 여럿이 공유하는 협력 소비 Collaborative Consumption를 기본으로 하는 경제 방식을 의미합니다. 소비로 인한 자원의 낭비를 줄이고 이미 생산되어 있는 부동산과 제품 등을 활용하고자 하는 사람들이 서로 자신의 부동산과 제품 등을 공유함으로써 자원의 활용을 극대화하는 경제 활동을 가리킵니다. 우리나라의 품앗이, 두레와 같은 전통 풍습이 공유 경제의 모형과 비슷하다고 하겠네요.

공유 경제는 지속적인 경제 위기, 환경 오염이라는 부정적 요인에 더해 IT 기술 발전에 기초한 소셜 네트워크의 대중화가 시발점이 되

었다고 볼 수 있습니다. 2008년 세계 경제 위기 이후 세계 경제의 저
성장, 낮은 취업률, 금융 자본주의의 폐해 등이 소유에서 공유를 통
한 합리적 소비로 전환하는 계기가 되었죠.

요약하자면 공유 경제는 유·무형의 재화와 서비스를 소유가 아
닌 개인 간 교환, 공유, 대여 등의 방식을 활용하는 사회적 경제 모델
인 것입니다. 공유 경제에서 부동산이나 제품의 제공자는 남는 자원
을 활용하여 수익을 창출하는 한편, 사용자들은 비용을 절약하고 환
경 문제를 유발하지 않는 착한 경제를 실현하게 되죠.

그렇다면 공유 경제의 유형은 어떻게 될까요? 공유 경제는 제공
하는 서비스에 따라 제품 서비스, 물물 교환, 협력적 커뮤니티로 구
분됩니다. 제품 서비스는 사용자들이 제품 혹은 서비스를 소유하지
않고 사용하는 방식으로 렌트 사업과 유사하며 카 셰어링, 장난감이

나 도서 대여 등의 형태입니다. 물물 교환은 필요 없는 제품을 필요한 사람에게 재분배하는 형태이고, 협력적 커뮤니티는 커뮤니티 내 사용자 간의 협력을 통한 방식입니다.

공유 경제 자원의 분류

구분	유형			무형
	공간	교통수단	물품	정보 및 서비스
시행 내용	여행자 숙소 사무실/회의실 기숙사 레스토랑/카페 스튜디오/연습실	자동차 카풀 오토바이 자전거 요트	아이 옷 장비/공기/기계 도서 유아용품 스포츠/캠핑용품	지식, 경험 공유 크라우드 펀딩 인력 중개 여행

자료 : 오이씨, 《공유경제 시작학교(2013)》, 공유허브.

글로벌 컨설팅 기업인 프라이스워터하우스쿠퍼스PwC는 전 세계의 공유 경제 관련한 산업 규모가 2014년 150억 달러 수준에서 10년 후인 2025년에는 약 20배 이상 커진 3,350억 달러(한화 370조 원)에 달할 것이라고 전망한 바 있습니다.* 그러나 공유 경제가 직면한 환경이 결코 녹록치 않습니다. 기존 산업을 위협하여 실물 경제를 위축시키고 영업권, 소유권, 접근권, 이용권의 혼재로 과세 등 법질

---

*   PwC, The sharing economy: how is it affecting you and your business?, 2014.

서 혼란을 초래할 수도 있기 때문입니다.

공유 경제의 제공 서비스에 따른 분류

제공 서비스	거래 방식	공유 자원	공유 기업(국내외)
제품 서비스	사용자들이 제품 혹은 서 비스를 소유하지 않고 사 용할 수 있는 방식	· 자동차 셰어링 · 바이크 셰어링 · 태양 에너지 공급 · 장남감 대여 · 도서 대여	Zipcar, Streetcar, 쏘카 Barclays, 푸른바이크 SolarCity, Solar Century DimDom, BabyPlays Chegg, 국민도서관
물물 교환	필요하지 않은 제품을 필 요한 사람에게 재분배하는 방식	· 경매 시장 · 물물 교환 시장 · 무료/상품권 교환	ebay, 옥션, 지마켓 Threadup, 키플, 열린옷장 Freecycle, Giftflow
협력적 커뮤니티	커뮤니티 내 사용자 간의 협력을 통한 방식	· 공간 공유 · 구인구직 · 여행 경험 · 지식 공유 · 택시 셰어링 · 크라우드 펀딩	AirBnB, 코자자 알바몬, 알바천국 AirBnB TeachStreet, 위즈돔 Taxi2, TaxiDeck 씨앗펀딩, 굿펀딩

자료 : 경기연구원, 공유경제의 미래와 성공조건, 이슈앤진단 134호, 2014, 재구성.

실제로 공유 경제를 표방하는 서비스들 가운데 상당수가 이미 시
장에서 판매되는 종전의 서비스들과 큰 차이가 없는 경우가 많습니
다. 더구나 과세와 인허가 문제, 바가지요금, 품질 문제 등의 부정적
인 요인까지 있습니다. 다음은 공유 경제가 극복해야 할 주요 과제
들입니다.

공유 경제가 넘어야 할 과제

유형	문제점
시민 의식	· 대중이 중고품에 대해 부정적 · 전통적 가치와 대비되는 공유 활동 · 경제적 불황기에 흥하는 일시적 상황
기업 환경	· 인터넷을 통한 개인 간 신분 확인의 어려움 · 표준화된 리뷰 시스템이 필요함 · 개인 간 거래의 안전과 품질 보장이 부재함 · 동일 분야 서비스에 다수의 스타트업이 발생
경제 환경	· 전통적 사업 모델의 위협 · 지나친 벤처 투자에 따른 인위적 인플레이션 발생 · 소비 축소에 따른 일자리 및 경제 축소 가능 · 리소스 독점에 다른 양극화 심화 가능 · 지하 경제의 기하급수적 증가 가능성
법, 제도	· 일부 공유 경제의 위법적 요소 · 소유권, 접근권, 이용권 혼재에 따른 법적 책무 확인의 혼란

자료 : Jeremiah Owyang의 블로그, 〈The Dark Side to the Collaborative Economy〉의 내용 재구성.
(http://www.web-strategist.com/blog/2013/06/18/the-dark-side-to-the-collaborative-economy/)

극복해야 할 과제가 있음에도 공유 경제의 미래는 밝다고 볼 수 있습니다. 인터넷과 모바일 기반 라이프스타일이 고도화되고 있어 필요한 물건이나 서비스에 대한 정보 습득이 용이하다는 점, 공유 경제가 사용자와 서비스 제공자에게 분명한 경제적 이득을 주는 형태라는 점 때문입니다. 최근 들어 IT, 로봇, 인공 지능, 자동차 등 다방면에서 새로운 기술들이 출현하고 서로의 영역을 허물면서 발전해 나가고 있습니다. 2017년에는 우리나라에서도 우버나 에어비엔비 같은 공유 경제 '스타트업'들이 출현해 주기를 기대해 봅니다.

""

대세가 된 전기 자동차가
나가신다

아마도 자동차는 내연 기관으로 움직이는 사륜차라고 생각하는 분들이 많을 것입니다. 현재 자동차들의 약 90% 정도가 가솔린(휘발유)이나 디젤(경유)을 이용하죠. 가솔린과 디젤을 사용하는 내연 기관 자동차들은 주행 중 배기가스를 배출하여 대기를 오염시키는 환경 문제를 유발합니다. 유럽을 중심으로 탄소 배출량 감소를 위해 환경 규제가 엄격해지면서 자동차 업체들도 내연 기관을 이용한 자동차에서 친환경 연료를 사용하는 자동차로의 전환을 준비하고 있습니다. 더욱이 석유라는 화석 연료의 고갈이 예상되는 데다 최근 있었던 폭스바겐의 '디젤 게이트' 사건(배기가스 조작)으로 인해 전기 자동차와 대체 에너지를 이용한 친환경 자동차에 대한 관심이 어느 때보다 고조되는 추세입니다.

전기 자동차electric vehicle, electric automobile는 전기를 동력으로 움직이는 차량을 일컫는 말로 미래형 자동차라고도 불립니다. 미래형 자동차인 전기 자동차는 언제 개발되었을까요? 전기 자동차는 자동차가 탄생되던 시절부터 끊임없이 연구되어 왔던 동력 방식의 하나인데요. 사실 내연 기관을 이용한 자동차보다 먼저 개발되었습니다.

자동차 역사를 살펴보면 초창기의 동력을 내연 기관, 외연 기관, 전기로 구분할 수 있습니다. 내연 기관 자동차는 1885년 독일의 카를 프리드리히 벤츠Karl Friedrich Benz가 삼륜차인 벤츠 파텐트 모토바겐Benz Patent-Motorwagen을 가솔린 엔진으로 달리게 한 것이 시작이었습니다. 외연 기관인 증기 기관은 19세기 초까지 유럽에 널리 보급되었으나 차츰 성능이 좋고 간편한 가솔린 엔진에 밀리며 시장에서 자취를 감춥니다. 당시 자동차의 주류는 가솔린 자동차가 아닌 전기 자동차였다고 합니다. 1830년부터 1840년까지 전기를 저장하는 축전기가 발명되고 전기 모터가 개발되죠. 이 전기 모터를 마차에 얹어 사용한 것이 전기 자동차의 원형입니다.

전기 자동차는 19세기 후반부터 20세기 초반까지 자동차 시장에서 성공을 거둡니다. 가솔린 자동차나 증기 자동차보다 운전 조작이 간편하고 냄새가 거의 없으며 진동과 소음이 적다는 장점 때문이었습니다. 여러 장점으로 인해 전기 자동차는 당시 자동차 시장의 주인공으로 굳건히 자리를 잡았습니다. 1912년에는 다른 방식의 자동차들보다 많이 팔리며 생산과 판매가 활발히 이루어졌습니다.

Benz Patent-Motorwagen Nr. 2

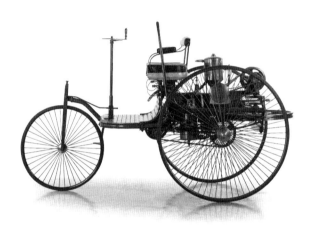

자료 : https://en.wikipedia.org/wiki/Benz_Patent-Motorwagen

1920년대 미국의 텍사스에서 원유가 발견되면서 휘발유 가격이 떨어집니다. 가솔린 자동차의 대량 생산이 가능해지면서 가격도 하락하죠. 당시 가솔린 자동차의 가격이 전기 자동차 가격의 약 35% 정도가 되면서 경쟁력을 가집니다. 휘발유를 이용하는 자동차의 성능까지 개선되면서 가솔린 자동차가 새롭게 급부상합니다. 결국 전기 자동차는 일부 교통수단으로 사용이 되었으나 높은 가격, 배터리 중량, 충전에 소요되는 시간 등이 문제가 되면서 서서히 시장에서 사라지죠.

그러다 1990년대 들어 자동차 배기가스로 인한 환경 문제가 대두되기 시작합니다. 2000년대로 접어들어 전 세계적으로 환경 문제가 심각해지면서 유럽을 중심으로 환경을 위해 탄소 배출량을 줄이기 위한 규제가 확산됩니다. 이로 인해 환경과 관련된 종전의 규제들이 강화되고 새로운 규제들까지 생겨나는 한편, 고유가로 몸살을 앓고 있던 자동차 업계의 필요와 맞물리면서 전기 자동차에 대한 관심이 증폭되기에 이릅니다.

자동차의 역사를 살펴본 바와 같이 전기 자동차는 흥했다가 사라졌다가 다시 관심을 받는 과정을 거쳐 왔습니다. 지금부터는 전기 자동차의 장점과 단점, 현황과 미래를 살펴보겠습니다.

먼저 전기 자동차의 장점은 역시 친환경적이라는 것에 있습니다. 주행 중에 화석 연료를 사용하지 않아 배기가스를 배출하지 않습니다. 대기 오염의 주범인 일산화탄소, 이산화탄소 등을 배출하지 않는다는 것입니다. 엔진 소음이 적고 진동도 적습니다. 더구나 경제적입니다. 전기 모터로만 구동하면 운행 비용이 가장 저렴한데, 심야 전기를 이용하면 비용을 더 낮출 수도 있습니다. 환경부 전기차 충전소의 자료에 의하면 전기 자동차의 연료비는 휘발유 자동차의

10% 수준이며, 완속 충전을 기준으로 연 141만 원의 연료비 절감 효과가 있다고 합니다.* 전기 자동차는 물리적 수명이 상대적으로 길다는 장점도 있습니다. 안전성도 뛰어나 사고 시 폭발의 위험성이 적습니다. 심야에 집에서 충전이 가능하며, 기어를 바꿔 줄 필요가 없어 운전 조작이 편리하다는 점도 장점으로 손꼽히는 부분입니다.

위와 같은 장점에도 불구하고 단점도 분명합니다. 내장되는 배터리가 현재 기술로는 무거운 편이고, 용량이 크지 않아 자주 충전해야 하며, 충전 시간도 많이 걸립니다. 오래 사용하면 할수록 충전량이 줄어들거나 효율이 떨어져서 배터리를 교체해 줘야 하는데 아직까지는 가격이 매우 비쌉니다. 주행 거리가 상대적으로 짧고, 차량 가격 자체가 비싸며, 충전 기반 시설이 부족하다는 점 등이 단점입니다.

전기 자동차는 환경 문제를 줄이고 편리하다는 장점이 있지만 가격이 비쌌습니다. 장점에 비해 수요가 많지 않았던 이유죠. 최근 들어 전기 자동차의 단점인 리튬 배터리의 전반적인 성능 개선, 30분 내 80% 충전이 가능한 급속 충전기 개발, 높은 편의성을 제공하는 무선 충전 기술 등에 힘입어 그동안 전기 자동차를 외면했던 단점

---

* 아이오닉(전기)과 아반떼1.6(휘발유) 차량을 비교한 결과.

요인들이 해소되고 있습니다.

전기 자동차 업계의 선두 기업인 미국의 테슬라는 '테슬라 모델 3'를 공개했습니다. 불과 3일 만에 예약 판매량이 276,000대를 돌파하는 대히트를 기록했습니다. 4,400만 원 수준의 가격(보조금 지원 시 약 3,000만 원)에 자율 주행을 지원하며, 1회 배터리 충전으로 약 394km를 주행하는 등 전 세계의 이목을 집중시킨 결과였습니다.

전기 자동차는 다양한 형태의 디자인이 가능해서 자동차 산업에 상당한 변화가 예상됩니다. 복잡한 구조를 갖는 내연 기관 자동차에 비해 배터리와 전기 모터를 배치할 자리만 필요한 단순한 구조이기 때문입니다. 이러한 특징은 자동차의 외형적인 디자인과 내부 공간 활용에 영향을 미칠 것이 분명합니다.

향후 전기 자동차 개발과 보급은 크게 확대될 것으로 보입니다. 당연히 관련 산업 규모도 팽창하겠죠. 이미 세계 각국이 전기 자동차 산업의 팽창에 대비하고 있습니다. 미국과 노르웨이는 전기 자동차의 핵심 부품에 자금을 지원하거나 전기 자동차 구매 시 세금을 감면해 주며, 중국은 전기 자동차 보급을 위해 정책적으로 보조금을 지급하거나 충전소 등 인프라 구축에 집중하고 있습니다.

국내에서도 전기 자동차 보급을 위해 정부가 구매 보조금을 지급하는 한편, 전기 자동차 충전소 등 관련 인프라 확충에 노력을 경주 중입니다. 도입 초기인 2011년 344대에 불과했던 전기 자동차는

2015년 산업통상자원부가 발표한 '전국 지역별 전기 자동차와 충전소 보급 현황'에 따르면 국내에 5,767대의 전기 자동차가 등록되어 있는 것으로 나타났습니다. 이에 비해 충전소는 전국적으로 337개에 그쳤습니다. 아직까지는 전기 자동차 구매를 촉진시키기에는 분명 한계가 있는 수준이죠.

산업통상자원부는 오는 2020년까지 고속도로를 중심으로 급속 충전기를 1,400개로 늘리겠다는 방안을 발표했습니다. 충전 시간이 오래 걸리는 만큼 고속 도로 외에도 오랜 시간 주차하는 장소인 집, 주차장, 식당, 마트, 백화점 등에 충전 시설을 좀 더 확보해야 할 것입니다.

전기 자동차 보급의 확산을 위해서는 풀어야 할 기술적인 문제가 있고, 한편으로 사회적 인프라 구성을 위한 노력도 필요합니다. 여러 가지 이유로 전기 자동차는 미래형 자동차인 점이 분명합니다. 향후 전기 자동차 산업의 육성을 통해 새로운 먹거리를 창출하는 노력이 어느 때보다 중요한 시점이라 하겠습니다.

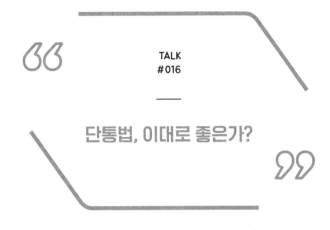

단통법, 이대로 좋은가?

단통법은 스마트폰으로 대표되는 휴대폰을 사용하는 소비자들에게 매우 익숙한 법률이죠. 어떤 사람들에게는 어떤 법보다도 익숙한 법이라고 할 수 있는데요. 도대체 단통법은 어떤 법일까요?

단통법의 정식 명칭은 '이동통신단말장치 유통구조 개선에 관한 법률'입니다. 법조문 제1조에 "이 법은 이동통신단말장치의 공정하고 투명한 유통 질서를 확립하여 이동통신 산업의 건전한 발전과 이용자의 권익을 보호함으로써 공공복리의 증진에 이바지함을 목적으로 한다"라고 목적이 명시되어 있습니다. 그렇습니다. 단통법은 이동 통신 산업의 건전한 발전과 이동 통신을 이용하는 소비자들의 권익을 보호하기 위해 제정된 법률입니다.

그렇다면 왜 단통법이 문제라고들 하는 것일까요? 여러 가지 의견이 나오겠지만 불법 보조금이 활개를 치는 점을 들 수 있습니다. 다음은 단통법에서 규정하는 차별적 지원금 금지 관련 조문입니다.

제3조(지원금의 차별 지급 금지) ① 이동통신사업자, 대리점 또는 판매점은 다음 각 호의 어느 하나에 해당하는 사유로 부당하게 차별적인 지원금을 지급하여서는 아니 된다.
1. 번호이동, 신규가입, 기기변경 등 가입 유형
2. 이동통신서비스 요금제
3. 이용자의 거주 지역, 나이 또는 신체적 조건

단통법 제3조는 번호 이동, 신규 가입, 기기 변경 등 가입 유형에 따라 차별적 지원금을 금지하고 있을 뿐만 아니라 요금제, 이용자의 거주 지역이나 나이, 신체적 조건에 따른 차별적 지원금 역시 금지하고 있습니다. 실제 단말기 유통 시장에서는 위와 같은 법률 규정에도 불구하고 정보를 아는 소수의 이용자들은 차별적인 지원금을 받고 있습니다. 당연히 법을 잘 지키는 정상적인 소비자들만 제값 다 주고 비싸게 휴대폰을 구입하는 셈이죠. 이러니 대다수 소비자들은 화가 날 수밖에 없지 않을까요?

녹색소비자연대전국협의회 ICT소비자정책연구원이 2017년 3월 7일 〈실질적 가계통신비 인하를 위한 정책방안 연구〉 보고서를 발표했습니다. 보고서는 18대 대통령 선거 당시 박근혜, 문재인 후보의 공약은 물론 박근혜 정부의 가계 통신비 인하 정책에 대한 평가, 통신 요금 관련 해외 입법례 분석 및 단말기 유통법·가계 통신비 관련 소비자 인식 조사 등을 담고 있습니다.

보고서 내용 중 단통법과 관련한 부분을 살펴보면 단통법이 당초 입법 취지와 달리 가계 통신비 절감에 기여하지 못하고 있는 것으로 나타났습니다. 단통법의 목적과 달리 대다수의 소비자들은 여전히 과도한 가계 통신비 부담에 시달리고 있는 실정입니다. 조사 대상인 모든 연령대에서 가계 통신비에 부담을 느끼는 것으로 나타났습니다.

월 지출에서 가계 통신비에 부담을 느끼는 정도

	전체	연령					통신사			
		20대	30대	40대	50대	60대 이상	KT	SKT	LGU+	알뜰폰
사례 수	1000	183	204	239	228	146	322	445	162	71
부담을 느끼지 않는다	24.7	21.3	24.6	23.8	24.6	30.8	22.7	24.7	19.1	46.5
부담을 조금 느낀다	58.4	59.0	57.4	57.7	59.2	58.9	59.9	58.4	60.5	46.5
부담을 많이 느낀다	16.9	19.7	18.1	18.4	16.2	10.3	17.4	16.9	20.4	7.0

자료 : 녹색소비자연대전국협의회 ICT소비자정책연구원

이동 전화의 구입/교체 및 가계 통신비에 끼친 영향 역시 변화가 없거나 부정적으로 작용하고 있다고 나타났습니다. 단통법 시행 이후 이동 전화의 구입/교체 및 가계 통신비에 끼친 영향에 변화가 없거나 오히려 부정적으로 작용했다고 응답한 비중이 모든 연령대에 걸쳐 70%를 넘었습니다.

단통법 시행 후 이동 전화 구입/교체 및 가계 통신비에 끼친 영향

		표본 수	긍정적인 작용	변화 없다	부정적인 작용	모르겠다
성별	남자	508	16.1	30.1	42.9	10.8
	여자	492	9.3	34.8	37.8	18.1
연령대	만20~29세	183	9.3	26.2	49.2	15.3
	만30~39세	209	18.2	32.1	39.7	10.0
	만40~49세	242	13.6	28.5	43.0	14.9
	만50~59세	228	10.1	38.2	34.6	17.1
	만60세 이상	138	12.3	38.4	34.8	14.5
전 체		1000	12.8	32.4	40.4	14.4

자료 : 녹색소비자연대전국협의회 ICT소비자정책연구원

보고서는 소비자들이 단통법을 어떻게 평가하는지, 무엇이 문제인지를 명확하게 보여 주고 있습니다.

현행 단통법 개선 방향

		표본 수	단통법은 폐지	상한제를 폐지해야 한다	분리 공시제 도입	단말기 완전 자급제 도입
성별	남자	508	34.1	40.6	12.4	12.2
	여자	492	33.1	38.2	11.8	14.8
연령대	만20~29세	183	42.6	33.9	12.6	9.3
	만30~39세	209	35.4	38.3	12.0	12.9
	만40~49세	242	31.4	41.7	9.9	15.3
	만50~59세	228	30.7	39.5	14.9	14.5
	만60세 이상	138	27.5	44.2	10.9	15.2
전 체		1000	33.6	39.4	12.1	13.5

자료 : 녹색소비자연대전국협의회 ICT소비자정책연구원

과연 단통법은 어떻게 되어야 할까요? 가장 손쉬운 방법은 폐지일 것입니다. 아니라면 어떤 방식이 되었든 단통법의 보완이 필요하겠죠. 단통법 사례는 법 제정을 통해 모든 문제를 해결할 수 있다는 낙관적 기대만으로는 결코 현실 문제를 해결하지 못한다는 사실을 잘 알려 줍니다. 다음 대선에 출마할 각 정당의 대선 후보들도 과거와 마찬가지로 다양한 가계 통신비 절감 공약을 발표하겠죠. 얼마나 현실성 있는 공약일지, 실질적으로 가계 통신비 절감에 도움이 되는 공약일지 지켜보는 것이 중요합니다.

TALK
#017

청년 취업,
무엇이 문제인가?

청년들이 일자리 문제로 고통받고 있습니다. 일을 하고 싶음에도 일자리가 없어 일을 하지 못하는 청년 실업은 어느덧 우리 사회의 고질적 사회 문제가 되고 있죠.

물론 청년 실업 문제가 우리나라에서만 나타나는 현상은 아닙니다. 국제노동기구ILO의 〈세계 고용과 사회 전망(2016)〉 보고서에 따르면 전 세계 실업자 수는 무려 1억 9,710만 명에 이르고 있는데요. 더구나 ILO는 지난해인 2016년 기준 전 세계적으로 실업자가 230만 명 증가하는 것은 물론 올해에도 110만 명이 증가할 것으로 예측했습니다. 이에 따라 올해 말에는 전 세계적으로 실업자 수가 2억

50만 명에 이른다고 예상했습니다. 일자리 문제가 전 세계 모든 국가들에게 상당한 문제가 되고 있음을 보여 주는 보고서라고 하겠습니다. 미국의 트럼프가 언론들의 부정적인 보도가 쏟아지는 상황에서도 대통령이 된 배경 역시 경제 문제였다는 점을 감안하면 얼마나 중요한 이슈인지를 알 수 있죠.

오늘날의 경제 문제는 어느 한 나라가 열심히 노력한다고 해서 해결될 성질이 아닙니다. 무슨 이야기냐면 세계 경제는 서로 연결되어 있어서 한 나라가 직면한 경제 문제를 스스로 완벽하게 해결하기에는 한계가 있다는 뜻입니다. 미국이나 중국의 경우를 보면 쉽게 이해할 수 있죠.

미국의 트럼프 대통령은 해외에 진출해 있는 대표적인 자국 기업들인 애플, 포드, GM의 공장들을 국내로 이전하라고 압박하고 있습니다. 뿐만 아니라 미국에 진출해 있는 글로벌 기업들에게까지 미국 내에 공장을 신설하도록 압박하고 있는데요. '미국 내에 공장을 세우지 않으면 막대한 세금을 물리겠다'는 내용입니다. 트럼프 대통령의 압박이 통했는지 당장 한국 기업인 삼성과 LG전자가 미국 내에 공장을 신설할 계획을 밝혔습니다. 피아트크라이슬러도 10억 달러를 투자해 미국 내에 공장을 세우기로 했습니다.

왜 트럼프 대통령은 그동안 미국이 금과옥조처럼 여겨 왔던 자유 무역주의 정신을 훼손하면서까지 미국 영토 내로 공장을 이전하

든가 신설하라고 압박하고 있을까요? 지극히 간단한 이유 때문입니다. 미국 내에 일자리를 늘리기 위해서입니다. 그것도 양질의 일자리를 말이죠.

생각해 보세요. 글로벌 기업들이 앞다퉈 미국 내에 공장을 신설하면 공장에 근무해야 할 임직원들이 필요하겠죠. 또한 공장 신설 과정에 필요한 각종 생산 시설을 공급하는 기업들에게도 굉장한 호재 요인이 됩니다. 하나도 아니고 다수의 글로벌 기업들이 고용을 동반하는 투자를 한다면 자연스럽게 미국 가계 부문의 소득 증가는 물론 미국 경제의 활성화에도 크게 기여할 것입니다.

중국은 또 어떻습니까? 중국도 자국 기업의 손해를 막기 위해 묘수를 고심하고 있습니다. 지난해에 이어 올해에도 중국 정부는 환율 방어에 전력을 다하는 모양새입니다. 중국이 환율 방어에 전력을 기울이는 이유는 수출과 내수에 밀접하게 연결되고, 다시 일자리와 긴밀하게 연결되기 때문입니다.

미국이나 중국이라는 G2 국가들이 자국 내 일자리와 직결되는 부분에 총력을 기울이는 상황에서 과연 대한민국의 취업 전선은 어떨까요? 일단 통계적으로 나타난 부분만 보면 외견상 큰 문제는 없어 보입니다. 다음은 통계청의 고용 동향 자료입니다.

취업자 및 고용률 추이

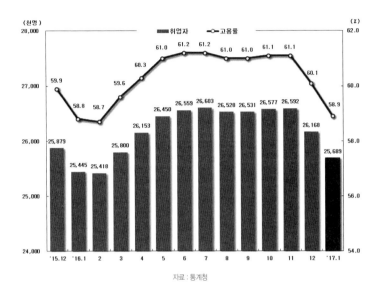

자료 : 통계청

통계청의 고용 동향에 따르면 2017년 1월의 취업자 수는 2,568.9 만 명으로 나타났습니다. 이 같은 수치는 전년 동월 대비 24.4만 명 증가한 수치입니다. 고용률은 58.9%로 전년 동월 대비 0.1%p 증가 했습니다. 15~64세 고용률은 65.5%로 전년 동월 대비 0.3%p 상승 했습죠. 누가 봐도 취업 전선에 큰 이상은 없어 보입니다. 하지만 내 용을 들여다보면 그렇지 않다는 사실을 알 수 있습니다. 산업별 취 업자 비중을 살펴보니 서비스업이 취업자 증가를 주도하는 것으로 나타났기 때문입니다.

산업별 취업자

(단위 : 천명, %, 전년 동월 대비)

	2016. 1		2016. 12		2017. 1			
		구성비		구성비		구성비	증감	증감률
〈 전　　체 〉	25,445	100.0	26,168	100.0	25,689	100.0	243	1.0
○ 농 림 어 업	909	3.6	1,021	3.9	900	3.5	−9	−1.0
○ 제 조 업	4,566	17.9	4,437	17.0	4,406	17.2	−160	−3.5
○ 건 설 업	1,775	7.0	1,932	7.4	1,860	7.2	85	4.8
○ 도매 및 소매업	3,747	14.7	3,755	14.3	3,778	14.7	31	0.8
○ 운 수 업	1,438	5.7	1,405	5.4	1,401	5.5	−37	−2.6
○ 숙박 및 음식점업	2,229	8.8	2,322	8.9	2,303	9.0	74	3.3
○ 출판·영상·방송통신 및 정보서비스업	781	3.1	799	3.1	781	3.0	−1	−0.1
○ 금융 및 보험업	799	3.1	800	3.1	792	3.1	−7	−0.8
○ 부동산업 및 임대업	563	2.2	587	2.2	586	2.3	23	4.1
○ 전문·과학 및 기술 서비스업	1,080	4.2	1,111	4.2	1,103	4.3	23	2.1
○ 사업시설관리 및 사업지원서비스업	1,238	4.9	1,298	5.0	1,262	4.9	25	2.0
○ 공공행정·국방 및 사회보장 행정	867	3.4	977	3.7	913	3.6	46	5.3
○ 교육 서비스업	1,812	7.1	1,892	7.2	1,881	7.3	69	3.8
○ 보건업 및 사회복지서비스업	1,714	6.7	1,872	7.2	1,777	6.9	63	3.7
○ 예술·스포츠·여가 관련서비스업	390	1.5	429	1.6	412	1.6	22	5.6
○ 협회및단체·수리및 기타개인서비스업	1,247	4.9	1,252	4.8	1,251	4.9	5	0.4
○ 기타	292	1.1	280	1.1	284	1.1	−8	−2.8

자료 : 통계청

서비스업은 경기 영향을 가장 크게 받는 업종이라는 특징이 있습니다. 서비스업에서 취업자가 증가하고 있다는 것은 그만큼 경기 변동에 따라 언제든 실업자가 늘어날 가능성이 높다는 의미입니다. 따라서 저성장 기조가 고착화되는 대한민국 경제 상황에서 서비스 산업 전반에 대한 획기적인 발전 방안이 제시되지 않는 이상, 서비스 업종에서 보이는 취업자 수의 증가가 갖는 의미는 단순히 통계적으로 나타나는 수치상의 증가 이상도 이하도 아닌 것이죠.

종사상 지위별 취업자

(단위 : 천명, %, 전년 동월 대비)

	2016. 1		2016. 12				2017. 1			
		구성비		구성비	증감	증감률		구성비	증감	증감률
〈 전　체 〉	25,445	100.0	26,168	100.0	289	1.1	25,689	100.0	243	1.0
○ 임금근로자	19,186	75.4	19,635	75.0	148	0.8	19,260	75.0	74	0.4
－ 상용근로자	12,813	50.4	13,103	50.1	245	1.9	13,067	50.9	254	2.0
－ 임시근로자	4,917	19.3	5,009	19.1	-105	-2.0	4,735	18.4	-182	-3.7
－ 일용근로자	1,456	5.7	1,522	5.8	7	0.5	1,458	5.7	1	0.1
○ 비임금근로자	6,259	24.6	6,534	25.0	141	2.2	6,429	25.0	170	2.7
－ 자영업자	5,307	20.9	5,530	21.1	155	2.9	5,476	21.3	169	3.2
－ 무급가족종사자	952	3.7	1,004	3.8	-14	-1.4	953	3.7	1	0.1

자료 : 통계청

한편 종사상 지위별로 자료를 살펴보면 상용직 중심의 증가세는 두드러지는 반면 임시 일용직은 감소세가 지속되고 있습니다. 여기에서도 수치상으로만 보면 찾기 힘든 통계적 허점을 찾아볼 수 있습니다. 종사상 지위별 취업자 비중을 유심히 살펴보면 자영업자 비중이 증가했다는 사실이 확인됩니다. 자영업자는 직장, 소득원이라는 측면에서 매우 불안정하다는 특징이 있습니다.

2016년 9월 김현미 더불어민주당 의원이 국세청으로부터 받은 〈개인사업자 신규·폐업 현황〉 자료를 분석한 결과에 따르면 지난 10년(2005~2014년) 동안 창업한 수는 967만 5,760개였고, 폐업한 수는 799만 309개로 나타났습니다. 단순히 창업과 폐업을 비교하면 자영업자의 생존율은 17.4%에 그치는 셈이죠. 그러니 자영업자 수 증가에 따른 취업자 수 증가를 80%까지는 아니더라도 예비 실업자 수의 증가라고 규정해도 무방하지 않을까요? 상황이 이렇다 보니 청년들의 취업 전선도 안녕할 수 없죠. 역시 실업자 수, 실업률 추이를 통해 확인해 볼 수 있습니다.

2017년 1월 실업률 수치를 2016년 1월과 비교해 보면 30대와 60대를 제외한 전 연령 계층에서 실업률이 감소했음이 확인됩니다. 수치상으로만 보면 양호한 흐름이라고 판단할 수도 있습니다. 그러나 2016년 4/4분기와 비교해 보면 낙관적으로만 보기에는 무리가 있습니다. 전 연령대에서 실업률이 상승하는 것으로 나타나기 때문입니다. 조선업 및 해운업 위기와 이로 인해 촉발된 국내 경기 침체,

실업자 수/ 실업률 추이

	12년	13년	14년	15년			16년							17년
	연간	연간	연간	연간	3/4	4/4	연간	1월	1/4	2/4	3/4	4/4	12월	1월
○ 실업자수 (만명)	82.0	80.7	93.7	97.6	92.9	84.5	101.2	98.8	115.3	102.8	98.5	88.1	86.7	100.9
○ 실업자증감 (전년동기비, 만명)	△3.5	△1.3	13.7	4.0	4.5	△0.9	3.6	△0.1	6.4	△1.4	5.6	3.6	△1.9	2.2
− 남성	△2.6	△0.6	4.9	2.4	3.1	△0.3	24	△0.1	5.1	1.1	3.7	△0.1	△1.0	0.3
− 여성	△0.9	△0.7	8.0	1.6	1.4	△0.6	1.1	0.0	1.3	△2.4	1.9	3.7	△0.9	2.0
○ 실업률(%) (계절조정)	3.2	3.1	3.5	3.6	3.4	3.1	3.7	3.7	4.3	3.9	3.6	3.2	3.2	3.8
	3.2	3.1	3.5	3.6	3.6	3.4	3.7	3.5	3.8	3.7	3.8	3.6	3.4	3.6
− 15~29세	7.5	8.0	9.0	9.2	8.4	8.0	9.8	9.5	11.3	10.3	9.3	8.4	8.4	8.6
− 30~39세	3.0	3.0	3.1	3.1	3.0	2.9	3.2	2.7	3.2	3.2	3.2	3.1	3.0	3.3
− 40~49세	2.0	2.0	2.2	2.3	2.3	2.0	2.1	2.1	2.4	2.1	2.1	1.9	1.9	2.1
− 50~59세	2.1	1.9	2.2	2.4	2.4	1.9	2.3	2.4	2.6	2.3	2.3	20.	1.8	2.2
− 60세 이상	2.4	1.8	2.3	2.5	2.0	2.1	2.6	3.7	4.2	2.2	2.3	2.1	2.1	4.7

자료 : 통계청

미국과 중국 및 유로존 등 국외 경제 변수의 불확실성이 반영된 결과라고 볼 수 있습니다.

이처럼 국내외 경제 변수들의 불확실성이 심화되는 상황에서 청년들의 취업 시장은 그야말로 한파가 몰아치는 엄동설한이나 다름없는 실정입니다. 청년들의 취업 문제를 해결하기 위한 최적의 방법은 양질의 일자리를 늘리는 것이겠죠. 물론 기업들이 신규 채용을 확대하는 한편 행정 당국의 과감한 제도적 지원이 필요합니다. 이에 더해 청년들의 적극적인 창업 도전도 더해져야 합니다.

문제는 우리나라는 여전히 창업에 대한 부정적 인식이 매우 높다는 점입니다. 준비되지 않은 무분별한 창업과 그로 인한 실패를 경험하는 사람들이 너무 많죠. 부정적 인식을 깨고 도전 정신에 기반한 적극적 창업을 유도하기 위해서는 될 만한 창업 인재를 육성하고 다양한 창업을 장려하는 사회적 분위기를 조성해야 합니다. 아울러 대학과 교육 기관들이 보다 적극적으로 나서서 창업 친화적인 교육을 주도해 나가는 것이 매우 중요합니다. 정부와 기업, 대학 등 교육 기관의 협업과 노력이 어느 때보다 필요한 시점이 아닌가 생각해 봅니다.

TALK
#018

청년 해외 취업,
이대로 괜찮을까?

　대한민국 경제가 저성장의 늪에서 벗어나지 못하고 있죠. 일각에
서는 일본식 장기 불황으로 접어들고 있는 것이 아닌가 하는 우려의
목소리가 나오는 실정입니다. 상황이 이렇다 보니 젊은이들의 구직
활동도 덩달아 팍팍해지고 있는데요. '이태백(이십 대 태반이 백수)'이
라는 단어가 단지 풍자적 표현이 아닌 현실이 되어 가는 모습입니다.

　그래서 그런지 요즘은 젊은이들이 스스로 만족할 만한 양질의 일
자리를 찾기가 매우 어려워졌습니다. 정부도 청년을 위한 일자리를
늘려야 한다는 필요성에는 백 퍼센트 공감하고 있습니다. 그럼에도
잊을 만하면 대기업 총수들에게 신규 채용을 늘려 달라고 당부하기

외에는 딱히 일자리를 만들 방법이 없습니다.

이처럼 청년 일자리 문제가 심화되면 매번 정부가 내놓곤 하던 카드가 있습니다. 창업과 해외 취업입니다. 특히 해외 취업을 적극 장려하곤 합니다. 젊은 구직자들은 흔히 '실패 위험이 높은 창업보다는 월급을 받는 해외 취업이 안정적'이라고 생각합니다. 역대 정권들이 해외 취업을 적극 추진한 이유도 지금까지 청년 일자리 문제가 이슈화되면 해외 취업이 여론과 청년들의 집중 조명을 받았기 때문입니다.

왜 해외 취업은 청년 일자리 문제가 사회 문제화될 때마다 해결책으로 제시될까요? 여러 가지 이유가 있겠지만, '국내보다 환경이 양호한 해외에서 좀 더 양질의 일자리를 찾을 수 있지 않을까?' 하는 기대감이 작용하고 있지 않나 싶습니다. 실제로 대부분의 젊은이들은 여전히 미국, 캐나다, 영국, 유로존 국가와 같은 선진국 기업에 취업하기를 매우 선호하죠. 다음은 2003년 12월 24일 기획예산처의 청년 해외 취업과 관련한 보도 자료입니다.

청년실업 해소를 위한 해외취업사업 대폭 확대

ㅁ 정부는 청년실업문제를 감안하여 내년도 청년실업자 해외 취업지원사업을 대폭 확대 · 운영할 계획

○ 이를 위해 기획예산처는 노동부 산하의 한국산업인력공단의 해외취업사업예산을 대폭 확대 편성하였음('03년 10 → '04년 107억원)

▫ 우선 청년실업자 약 2,000여명에 대해 해외취업을 위한 연수 및 인턴사업을 추진할 계획

○ 연수사업은 해외취업률을 제고하기 위해서 사전에 해외업체와 연계하여 인력채용을 전제로 하는 직무 및 언어연수를 지원할 예정

· 주요 연수과정은 IT인력, 간호사, 항공승무원, 자동차 설계 엔지니어, 한식 레스토랑, 한국어 강사 등 여러 분야로 구성

○ 인턴사업은 해외소재 기업에서 6개월간 실무경험을 배양할 수 있도록 항공료, 체재비 등을 지원할 예정

· 주요 대상기관 : 다국적기업, 재외동포기업, 외국기업, 해외진출 한국기업, 국제기구(APEC) 등

▫ 또한, 국내 해외취업 희망자와 해외 구인기업간의 취업알선 기능을 강화하여 해외취업을 활성화할 계획

○ 우선 해외취업 희망자를 발굴하기 위하여 전국대학을 대상으로 신청을 받아 해외취업 설명회를 개최 예정

○ 해외 구인기업을 적극 발굴하기 위하여 해외 현지 알선업체, 해외 한인상공인 단체, 해외교류사업 유관기관(KOTRA, 한국무역협회, 재외동포재단, KOICA 등) 등과 네트워크를 강화할 계획

○ 해외취업 만남의 장(Overseas Job Fair)을 개최하여 해외구인업체와 국내 구직자간의 직접적인 채용알선 기회를 제공하며

· 이외에도 서면, 인터넷, 구인업체 개별 면접기회 제공 등 다양한 방법으로 해외취업 알선을 지원할 계획

○ 또한, 해외취업채용예정자에 대해서는 근로계약체결, 출국서류 준비, 취업비자 발급준비 등을 적극 지원할 계획

▫ 이를 위해 한국산업인력공단은 내년부터 해외취업 전담부서를 신설하여 운영할 예정

최근 들어 해외 취업을 위한 대상 국가들이 미국, 캐나다 유로존에 국한되지 않고 일본, 홍콩, 싱가포르, 인도네시아, 베트남, 중동 국가까지 확대되고 있습니다. 그만큼 해외 취업이 매우 어렵다는 점을 시사합니다. 다음은 2016년 12월 14일 있었던 경제 관계 장관 회의에서 제시된 청년 해외 취업 내용입니다. 향후 청년들의 해외 취업을 어떻게 늘려 나갈지에 대한 추진 계획을 담고 있는데요. 앞선 기획예산처의 보도 자료보다 발전했다는 것이 확인됩니다.

Ⅲ. 추진계획
◈ 해외취업의 질을 높이면서도 양적 확대 병행
◈ 일본 등 진출 가능성이 높은 국가를 타겟으로 심층전략 수립 · 추진
◈ 그간 미흡했던 참여자의 사후관리 방안 보강
□ 목표
  ○ 해외취업자 수 '16년 4,042명 → '17년 5,000명(범부처 1만명)

	예산	취업자 목표			
		계	K-Move 스쿨	공공알선	성공장려금 등
'16년	434억	4,042명	1,800명	1,200명	1,042명
'17년	458억	5,000명	2,200명	1,800명	1,000명

□ 집중 타겟국가 선정 및 취업전략 추진
  ○ 일본, 베트남 등 진출가능성이 높은 국가는 정보 박람회 개최, 우량 기업 발굴 등 세부적인 전략 수립

대규모 일본 해외취업 정보박람회(12.22~23, 코엑스)

- 동기부여부터 취업전략, 생활방법까지 강연, 상담, 체험을 모두 제공
- 일본기업 및 리크루트사, 취업선배 멘토, 인적성 시험 기관 등 다수 참여

    ○ 싱가포르 등과 같이 초임은 낮지만 성과에 따라 빠른 승진, 임금 상승 사례 등을 발굴하여 유망한 해외진출 모델 제시

  □ 청년이 알고 싶은 풍부한 정보제공

    ○ 임금, 기업 복지(주택지원, 연간 항공권, 상여금 등), 해외기업 구인 인터뷰('17년 100개), 취업 유의사항 등 구체적 정보 제공

    ○ 찾아가는 대학 설명회를 세분화하여 실시(국가별·직종별 특화설명회, 초급~상급 단계별 설명회 등 '17년 100회), 가이드북 3개국 추가

  □ K–Move 참여자 사후관리

    ○ 현지정착 지원을 위하여 취업자 대상 이메일 추적조사, K–Move센터 내 헬프데스크, 멘토링 개편 등 사후관리 강화

    ○ 해외취업 시 이직·임금상승 여부, 국내 복귀·취업여부 등 해외취업 후 경력개발 경로를 조사하여 해외취업 효과 분석

위에서 이미 언급했던 바와 같이 정부가 나서서 해외 취업 국가들을 비선진국으로까지 다양화하는 이유는 선호해 왔던 종전 국가들로의 해외 취업이 어려워졌기 때문입니다. 그렇다면 현재 새롭게 제시되는 국가들의 해외 취업은 양질의 일자리를 보장해 주고 있을까요? 결코 그렇지 않습니다. 안타까운 현실은 역설적이게도 정부의 해외 취업 유의 사항에 고스란히 나타납니다. 해외 취업을 고민

하는 청년 구직자라면 그냥 지나치지 말고 꼭 읽어 보기를 권하고
싶습니다. 다음은 2016년 12월 14일 고용노동부가 내놓은 보도 자
료 중 일부입니다.

해외취업 유의사항

1. 해외취업의 목적을 분명하게 설정하라!

   ○ 해외에서 왜 일하고 싶은가? 본인이 해외취업으로 얻고 싶은 목적이 분명
   하지 않으면 해외취업 후 금방 실망하고 돌아오게 된다. 연봉, 커리어 개발,
   현지 경험 후 창업, 글로벌 기업 진출 등 구체적일수록 좋다. 해외취업의 분
   명한 목표의식을 가져라!

   √ 예를 들어 글로벌 기업에 진출하고 싶은 구직자는 홍콩, 싱가포르, 중동
   국가가 적합하다. 이러한 구직자가 베트남, 인도네시아 등 한국 진출기업
   에 주로 취업하는 국가로 가면 실망할 수 있다. 성공수기, 해외취업 멘토
   등을 통하여 어떤 점을 얻을 수 있는지 정보를 얻자!

2. 해외취업에도 트렌드가 있다!

   ○ 해외취업 유망국가별 주요산업 인력수급 동향, 외국인 고용 정책동향, 비자
   및 자격상호인정 이슈 등 트렌드에 따라 '내게 유리한 국가와 직종'을 찾을
   것

   √ 예를 들어 일본은 IT · 관광 등 최근에 인력수요 많다. 반면에 유럽처럼
   경기침체로 취업이 어려운 국가도 있다. 월드잡플러스(www.worldjob.
   or.kr), 해외취업설명회 등을 통하여 적극적인 정보탐색으로 국가별 진출
   환경을 미리 알아두자!

   √ 또한 전공, 부전공, 경력 자격증 등 본인이 보유한 역량 분석도 반드시
   선행되어야 한다!

3. 근로계약 후 출국까지 최소 3개월, 해외취업은 장기전이다!

  ○ 서류심사, 면접전형을 거쳐 근로계약을 체결하더라도 해당국 노동허가 내
     지 취업비자를 발급받고 출국하는 데까지는 최소한 3개월이 소요됨

    √ 긴 호흡을 가지고 출국 전 해당 국가 및 직종의 정보를 탐색하고 고용주
       와 꾸준히 연락을 취한다. 특히 중동국가는 행정절차에 오랜 시간이 소
       요되므로 미리 알아봐야 한다.

4. 능력이상의 높은 근로조건일 경우 의심해 볼 필요가 있다!

  ○ 연봉과 복지 혜택은 취업을 결정하는 중요한 요소, 하지만 어학수준이 낮
     고 경력이 적은데도 능력 이상의 연봉과 혜택을 보장해주는 경우 일단 의
     심해볼 필요

    √ 약속보다 낮은 연봉과 환경 속에서 단순 업무를 하는 경우 발생 사례가
       있으니 주의

    √ 근로조건, 구인처는 본인이 직접 살펴보고 계약은 문서화해 두어야 피해
       를 예방할 수 있다.

5. 과도한 알선료 및 부대비용을 요구하는 알선업체를 유의하라!

  ○ 청년 구직자 중에는 현지사정에 어두운 이유로 알선 기관에 의지하는 경향
     이 많다. 하지만 이를 악용하는 사례가 있으니, 알선업체 정보와 피해사례
     등을 사전 확인!

    √ 정식 국외유료직업소개업체 등록여부 확인 방법 : 워크넷 해당 URL접속
       (http://www.work.go.kr/useInfo/jobAndDesp/ynJobIntroInfo.do)

6. 관광비자로 취업을 하는 것은 절대금물!

  ○ 알선업체 등에서 '일단 관광비자로 입국해서 현지에서 취업비자를 따자'고
     현혹하는 경우가 있다. 이 경우 근로관계법령에 따른 보호를 받기 어렵다.

    √ 취업비자를 받고 출국해야 한다! (워킹홀리데이 등 일부 합법적 취업가
       능 비자 제외)

이래저래 청년들의 구직 전쟁은 대한민국 안팎에서 치열하게 진행될 수밖에 없는 구조입니다. 그러다 보니 열악한 임금과 살인적인 노동 환경에 시달리기도 하고, 과도한 알선료나 부대 비용으로 신음하기도 하며, 의도치 않게 불법 취업을 하게 되어 법적 보호도 받지 못하는 신세로 전락하는 경우도 비일비재합니다. 이 모든 어려움들을 극복할 방법이 없지는 않습니다. 확실한 실력과 철저한 준비가 된다면 충분히 극복할 수 있습니다.

결국 해외 취업이 꿈을 여는 창구가 되려면 장점과 단점, 기회와 위협 요인들을 세세하게 검토한 후 자신의 목표와 부합되는 결정을 해야 합니다. 섣부른 도전, 일단 시작하고 보자는 식의 막무가내 해외 취업은 큰 상처만 된다는 사실을 분명히 인식해야 합니다.

TALK
#019

일자리 전쟁,
청년 세대 VS 노인 세대

저성장 기조에서 탈출하지 못한다는 것은 경제가 활력을 잃고 일자리가 줄어든다는 의미입니다. 이 과정에서 종종 일자리를 놓고 세대 간 경쟁까지 발생하는데요. 이웃 나라 일본에서 그런 소식들이 들려올 때만 해도 그저 남의 나라 이야기 정도로만 생각하고 넘어가곤 했습니다. 막상 우리나라에서 일자리를 놓고 청년 세대와 노년 세대가 전쟁을 벌여야 하는 지경에 이르고 보니 어쩌다 이런 상황까지 오게 되었는지 숨이 막힐 지경입니다.

청년 세대와 노년 세대들이 일자리를 놓고 전쟁을 벌이는 상황이라 정부 당국도 뾰족한 묘수를 내놓지 못하고 있습니다. 양쪽 모두

를 위한 정책 자체가 저성장 기조에서는 불가능하기 때문입니다. 대표적인 예를 들어 볼까요?

은퇴를 앞두고 있는 중장년 세대들은 정년 연장을 원하죠. 이미 은퇴한 노년 세대들은 노년층 일자리 창출을 위한 재정 투입 규모를 확대해 주길 원합니다. 중장년층을 위해 정년 연장을 법제화하면 그만큼 신입 사원 채용 규모는 감소합니다. 청년 세대들의 일자리가 중장년층의 정년 연장으로 인해 사라진다는 뜻이죠. 한편 노년층 일자리 창출을 위한 재정 투입 규모를 확대하면 역시 청년 세대 입장에서는 노년 세대들의 과도한 욕심으로 보이기 십상입니다. 노년층 일자리 창출을 위한 재정 투입 규모를 확대하기 위해서는 반드시 세금을 늘리는 이른바 증세가 필요하기 때문입니다.

세금은 누가 낼까요? 바로 젊은 세대들입니다. 가뜩이나 일자리가 줄어들고 그나마 어렵게 구한 일자리도 비정규직이거나 임금 수준이 충분하지 않은 경우가 많습니다. 세금까지 늘어나는 상황이 된다면 과연 누가 받아들이려고 할까요?

그렇다면 노인 세대들은 필요라고 쓰고 청년 세대는 욕심이라고 읽는 노년 일자리 창출에 왜 그토록 매달리고 있을까요? 노인 세대들이 겪는 하루하루의 삶은 당장 경제적으로 빈곤과 곤궁의 삶으로 점철되어 있습니다. 통계청·한국은행·금융감독원이 발표한 〈2016 가계금융·복지조사〉 결과는 오늘날 이 땅에서 노인 세대들이 어떻게 하루하루 힘든 삶을 영위해 나가는지를 여실히 보여 줍니다.

개인 특성별 빈곤율 및 빈곤갭

(단위 : %, %p)

구 분		2014년 처분 가능소득	2015년				
			시장 소득 (A)	처분가능소득			
				(B)	증감	개선 효과 (A−B)	빈곤갭
전체 빈곤율		16.3	19.5	16.0	−0.4	3.6	35.4
성별	남자	14.3	17.4	14.0	−0.3	3.4	34.1
	여자	18.3	21.6	17.9	−0.4	3.7	36.4
연령대별	20세 미만	12.0	12.6	11.6	−0.4	1.0	27.7
	20~29세	10.5	10.3	9.2	−1.4	1.2	30.5
	30~39세	8.2	9.1	8.2	−0.1	1.0	32.2
	40~49세	10.6	11.3	10.2	−0.3	1.1	29.3
	50~59세	13.6	14.0	12.3	−1.3	1.7	31.5
	60세 이상	39.5	52.8	39.1	−0.3	13.6	41.6
	65세 이상	47.0	61.7	46.9	−0.1	14.9	42.8
	아동연령층(18세 미만)	11.4	12.4	11.5	0.1	0.9	27.3
	근로연령층(18~65세)	11.9	13.3	11.1	−0.8	2.2	31.4
	은퇴연령층(66세 이상)	48.3	63.1	48.1	−0.2	14.9	43.3

※ 균등화 소득 : 가구원 수가 다른 가구 간의 후생 수준을 비교할 수 있도록 가구 소득을 √가구원수로 나눈 소득
주 : 개인 특성별 빈곤율 및 빈곤갭은 균등화 소득의 중위 소득 50% 기준 빈곤선을 사용

자료 : 통계청

〈2016 가계금융·복지조사〉에 따르면 우리나라 은퇴 연령층(66세 이상)의 빈곤율은 2015년 기준 무려 48.1%에 달하고 있습니다.

빈곤율이 전체 인구에서 빈곤선(균등화 소득의 중위 소득 50%) 미만인 인구가 차지하는 비율로 정의된다는 점에서 노인 세대가 얼마나 경제적으로 열악한 상황에 놓여 있는지를 잘 보여 주죠. 은퇴한 노인 세대 입장에서 보면 청년 세대들의 암울한 현실은 자신들에 비해 정도가 심하지 않고 개선 가능성도 더 높게 보일 것입니다.

청년 세대들은 노인 세대들의 고통을 이해하고 일자리를 양보할 만한 상황일까요? 안타깝지만 이 또한 결코 그렇지 않습니다. 통계청의 2017년 〈2월 고용 동향〉에 따르면 실업률은 전년 동월 대비 0.1%p 상승한 5.0%로 나타났습니다. 그런데 청년 실업률은 무려 12.3%에 달하고 있죠. 비록 역대 최고치를 기록했던 2016년 2월에 비해 0.2%p 낮아지기는 했지만, 청년 실업이 얼마나 심각한지 알기에 충분한 수준이 아닐 수 없습니다. 이러니 청년 세대, 노인 세대 모두 일자리 전쟁만큼은 한 치의 양보도 할 수가 없죠.

일자리를 놓고 청년 세대와 노인 세대들이 충돌하는 현상은 사고의 틀 관점에서도 설명이 가능합니다. 각 세대들이 다른 세대들을 이해하기보다 자신들이 속한 세대의 이익을 추구하는 사고의 틀에 갇히는 경향을 보이곤 하는데요. 특별한 경우가 아닌 이상 교류하는 범위가 자신들이 속한 세대 내로 한정되기 때문입니다. 따라서 세대 간 갈등 혹은 이익이 충돌하는 상황이 발생하면 각자 자신들이 속한 세대의 이익은 극대화하고 손실은 최소화하는 선택을 하게 됩니다.

이 과정에서 필연적으로 이익 충돌 현상이 발생하면 각 세대 간에 서로 원만한 타협을 도출하기 매우 어렵다는 점이 문제입니다. 최종적으로 투표권이 많은 인구가 속한 세대가 원하는 방향으로 결론 내려지는 경우가 대부분이죠. 이웃 나라 일본의 사례를 보면 잘 알게 됩니다.

일본의 경우 고령화가 가장 큰 이슈였습니다. 게다가 고령화에 속하는 전후 단카이團塊 세대의 인구가 다른 세대에 비해 많았습니다. 일본 정부 입장에서는 상대적으로 노인 세대의 복지에 더 신경을 써야 했습니다. 청년 세대를 제대로 챙기지 못해 저출산 문제를 심화시키는 이유가 되었죠. 급속도로 고령화가 진행되고 있는 대한민국에서 노인 세대들의 이익을 도모하려는 욕구가 강하게 표출될 가능성이 높다는 점에서 일본의 사례는 결코 가볍게 넘길 사안이 아니라고 하겠습니다.

자신들이 속한 세대의 이익을 직접적으로 반영하기 위한 선택을 하지 않았음에도 미래 세대에 매우 부정적인 영향을 주는 경우도 있습니다. 미래 세대에게 손실이나 책임, 희생을 요구하는 선택이 그렇습니다. 2017년 대선 과정에서 주요 대선 후보들이 내놓았던 공약들, 이를테면 공공 부문 일자리 81만 개 창출, 2,800만 명에게 연 100만 원의 기본 소득 지급 등이 대표적입니다.

81만 개의 공공 일자리 창출은 호봉 상승에 따른 임금 상승, 공무원 연금 부담 증가와 같은 추가적인 부담 요인들을 전혀 고려하지 않더라도, 단순히 공무원 1인당 월급으로 150만 원을 지급한다고 가정해도 매년 1조 2,150억 원의 예산이 필요하죠. 2,800만 명에게 연 100만 원의 기본 소득을 지급하게 되는 경우 역시 매년 28조 원의 예산이 필요한데요. 비록 기본 소득을 15세 미만과 65세 이상에게만 지급한다고 해도 문제입니다. 유례를 찾을 수 없을 정도로 빠르게 고령화가 진행되고 있는 인구 구조의 변화와 재원 마련의 어려움으로 인해 과연 지속 가능한 정책이 될지에 대한 우려가 듭니다.

혹여 위 정책들이 시행된다고 해도 결국 재원 마련이 녹록치 않을 것이 분명합니다. 그러면 증세를 통해 재원 마련에 나설 것이고, 청년 세대들은 가뜩이나 부족한 일자리에 더해 늘어나는 세금까지 이중고에 시달릴 가능성이 높아지겠죠. 청년 세대들이 환영할 만한 성질의 정책은 아니라고 하겠습니다.

청년 세대와 노인 세대의 일자리 전쟁은 어느 한쪽의 손을 들어 줄 수 없는 상황입니다. 적절한 사회적 합의와 정부의 정책적 노력이 수반되지 않으면 심각한 세대 갈등이 분출될 수 있습니다. 큰 갈등이 발생하기 전에 지금 당장 일자리 문제를 해결하기 위한 사회적 합의를 이끌어 내는 한편, 정책적 노력을 해 나가야 하는 이유입니다.

TALK
#020

가계 부채를 진단하다

2016년 말 기준 대한민국의 가계 부채는 약 1,300조 원에 달하는 것으로 나타났습니다. 가히 사상 최대라고 할 만합니다. 가계 부채는 부채가 증가하는 과정에서 총소비 및 경제 성장을 촉진하는 긍정적 효과도 기대된다는 장점이 있는 반면, 규모가 너무 크거나 주택 담보 대출 비중이 높으면 작지 않은 문제가 될 수 있습니다.

통계청은 〈2016 가계금융·복지조사〉를 통해 2016년 가처분 소득 대비 가계 부채가 165.4%로 지난해(159.3%)보다 6.1%p 증가했다고 발표했습니다. 한 개인이 1년 동안 벌어들인 금액을 모두 지출하고도 여전히 부채가 65.4%나 남는다는 의미죠. 특히 저소득층의 가계 부채는 한계 수준에 다다랐습니다. 적극적인 관리가 이루어지지 않는다면 한국 경제 전체에 부정적인 영향을 줄 것이 확실시됩니다. 이런 상황에서 저성장 구조가 고착화되는 모습까지 보이고 있습니다.

과연 우리나라의 가계 부채는 어떤 수준일까요? 좀 더 구체적으로 살펴보죠. 가계 부채household credits outstanding는 가계가 금융 기관에서 직접적으로 빌린 '가계 대출'과 카드 회사나 할부 금융 회사를 통해 할부로 구매한 물품의 액수인 '판매 신용'을 더한 '가계 신용'에 자영업자의 대출까지 합산하여 계산합니다.

최근 부동산 경기의 호황으로 주택 담보 대출이 큰 폭으로 증가하면서 가계 부채 증가세도 두드러지는 모습을 보여 왔습니다. 2013년 말 1,000조 원을 돌파한 가계 부채는 2016년 9월 말 1,295.8조 원까지 증가했는데요. 저금리, 주택 시장 정상화 등의 영향으로 풀이됩니다. 실제로 국내 가계 부채는 2014년 이후 꾸준히 상승하기 시작해 2015년 하반기 이후에는 10%를 상회하는 수준으로 꾸준히 증가하는 모습을 보였죠. 저금리로 인한 대출 규제 완화, 주택 거래 증가가 복합적으로 맞물린 결과였습니다.

2007년 630조 원 규모에 머물던 가계 부채가 9년도 되지 않아 두 배로 증가했는데요. 이명박 정부 5년간 276조 원, 박근혜 정부 4년이 채 되지 않는 기간 동안 351조 원 정도가 증가했습니다. 규모가 사상 최대라는 점도 문제지만, 증가 속도가 무서울 정도였습니다. 2016년도 경제 성장률 전망치가 2% 중반인 데 비해 가계 부채가 10%대를 넘는 증가율을 보였으니, 무섭다는 말밖에 달리 표현할 말을 찾을 수 없겠군요.

가계 부채 규모 및 증가율 추이

자료 : Weekly KDB Report, 2017.1.9. 재인용.

가계 부채는 대부분의 OECD 국가에서도 핵심적 경제 이슈로 다루는 부분입니다. 비록 국가별로 전개 양상이 다소 상이하게 전개되지만, 가계 부채가 누적될수록 해당 국가뿐 아니라 세계 경제와 금융 시장 전반에 연쇄 반응을 일으킨다는 점 때문이죠. 적절한 규모

의 가계 부채는 내구재 소비와 자산 축적 등 경제에 활력적인 요인
으로 도움이 되나, 규모가 과도하면 소비 및 저축의 위축, 자산 가격
하락 등 다양한 경제적·사회적 문제들을 야기할 수 있습니다.

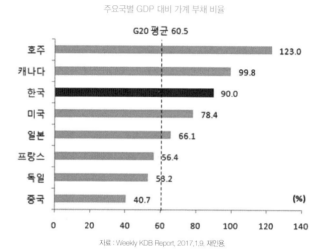

자료 : Weekly KDB Report, 2017.1.9. 재인용.

우리나라의 가계 부채를 OECD 국가와 비교해 보면 얼마나 심각
한지 분명하게 파악이 됩니다. 우리나라의 GDP 대비 가계 부채 비
율은 90%(2016년 6월 기준)입니다. G20 평균(60.5%)을 한참 웃도는
수준입니다. 미국 78.4%, 일본 66.1%, 프랑스 56.4%, 독일 53.2%
등 주요 선진국들과 비교해 보아도 상당히 높은 수준입니다. 최근
국제통화기금IMF 등 국내외 전문 기관들이 앞다퉈 국내 은행들의 가

계 부채 증가에 우려를 나타내는 데에는 그만한 이유가 있었던 것입니다.

가계 부채는 대출 기간, 금리, 상환 조건에 따라 부담 정도가 달라져서 가계의 상환 부담을 살펴볼 필요가 있습니다. 처분 가능한 소득 대비 원리금 상환액을 원리금상환부담비율DSR이라 하는데, 〈가계금융·복지조사〉에 따른 2015년 DSR은 24.2%(부채 보유 가구로 한정한다면 30.1%)였습니다. 주요 16개국과 비교해 보면 대출 상환 부담이 상당히 높은 수준임을 알 수 있습니다. 국제결제은행BIS이 집계한 2015년 4/4분기 DSR을 보면 한국을 제외한 16개국의 평균치는 9.9% 수준이었습니다.

OECD 가계 부채의 원리금상환부담비율Debt Service Ratio

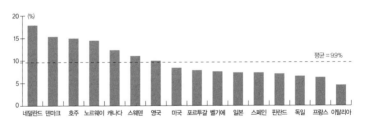

자료 : 하나은행, 가계 부채와 관련된 부동산 시장 주요 이슈의 점검, 주택금융월보, 2016.

가계 부채는 지금 당장도 문제지만 향후 더욱 심각해질 가능성이 있어 더 큰 걱정을 낳습니다. 우선 가계 부채의 질이 나빠지고 있다는 점이 우려스러운 대목입니다. 연금의 소득 대체 비율이 다른 국가에 비해 낮아서 노령층의 대출 상환 부담이 급격하게 증가할 수 있습니다. 한국은 65세 이상 인구 비중이 2015년 기준 12.8%로 다른 OECD 회원국보다 낮은 편에 속합니다. 하지만 고령화 속도가 매우 빨라서 2019년 15%, 2026년에는 20%를 넘어설 것으로 예상됩니다(통계청, 장래 인구 추계 : 2015~2065년, 2016). 반면 연금의 소득 대체 비율은 2014년에 45%로 OECD 회원국 평균 63%에 비해 매우 큰 차이를 보입니다. 은퇴 이후 소득 수준이 절반으로 감소하여 경제적으로 힘든 노년을 보내야 한다는 뜻이죠.

두 번째로 가계 대출의 규모 자체도 크게 늘어날 것으로 예상됩니다. 경기가 침체되고 실업자가 늘어나면 노년층, 청년층 모두 부채 규모가 커질 것이 뻔하죠. 가계 부채는 국가 부채가 증가하는 원인이 되기도 합니다. 가계 부채의 부실은 다시 금융권의 부실로 이어지고, 돌고 돌아 정부가 공적 자금으로 금융권의 손실분을 보전해주는 과정에서 정부 부채가 증가합니다. 이런 이유로 가계 부채 문제에 대한 정책 당국의 대응은 신중하면서 효과적인 형태가 되어야 할 것입니다.

가계 부채 증가의 원인은 무엇인가?

가계 부채 증가의 가장 큰 원인은 저금리 기조입니다. 기준 금리가 2011년 6월 3.25%에서 2017년 2월 1.25%로 하락하였으며, 주택 담보 대출의 금리 기준이 되는 자금조달비용지수COFIX, Cost of Funds Index도 2010년 1월 3.88%에서 2016년 말 1.51%까지 하락하였습니다. 이로 인해 여신 금리의 하락 현상이 발생하고, 가계의 차입 비용이 감소하면서 가계 부채가 증가하는 현상이 발생했던 것이죠.

실제로 기준 금리의 인하는 시중 금리에 큰 영향을 미쳤습니다. 2010년 5%대였던 주택 담보 대출의 금리가 2016년에는 2.9%까지 하락했죠. 그만큼 가계 부문의 차입 비용이 적어졌다는 의미입니다.

이 같은 저금리 기조는 글로벌 통화 정책에 보조를 맞추기 위한 한국은행의 정책적 선택이었다는 점도 간과해서는 안 됩니다.

가계 부채 증가의 또 다른 원인으로 지목되는 것이 경기 침체로 인한 소득 감소입니다. 경기 침체가 장기화됨에 따라 가계 부문도 소비를 줄일 수밖에 없습니다. 가계 부문이 소비를 줄이면 기업의 매출이 감소하고 뒤이어 임금 동결, 투자 및 고용 위축이라는 악순환이 나타납니다. 당연히 가계 부문의 소득도 감소하죠. 소득이 감소했다고 해서 즉각적으로 소비를 줄이기도 어렵습니다. 이런 이유로 생활비 등을 목적으로 하는 신용 대출 수요가 증가했을 것이 분명합니다. 특히 저소득층을 중심으로 생활비 및 부채 상환을 위한 신용 대출 비중이 증가하면서 전체 가구의 신용 대출 비중은 2012년 40.1%에서 2015년 43.0%로 확대되었습니다.

가계의 신용 대출을 사용 목적에 따라 구분해 살펴보면 기타 목적에 이어 생활비 마련이 2번째로 높은 20.5%로 나타났습니다. 소득 분위별로 보면 1분위에서 3분위가 생활비 마련 비중이 가장 높았고, 보증금 마련을 위한 신용 대출 비중은 1분위와 2분위에서 높게 나타난 것으로 분석되었습니다. 저소득층일수록 생활비, 전월세 보증금 등 생계를 위한 대출에 집중했던 것으로 보입니다.

마지막으로 주택 시장의 활황세도 가계 부채 증가의 중요한 원인이었습니다. 박근혜 정부는 취득세 인하와 다주택자 중과세 폐지 등 부동산 시장의 활성화 대책을 적극 추진한 바 있습니다. 특히 2014년 주택담보인정비율_LTV을 70%로, 총부채상환비율_DTI을 60%로 각각 완화함으로써 주택 마련을 위한 대출 가능 금액을 크게 늘려 주었습니다. 이것이 주택 담보 대출 증가에 강력한 영향을 주었던 것입니다.

정부의 부동산 활성화 정책에 따라 아파트 분양 물량은 2008년 이후 최대 수준입니다. 분양 물량의 증가, 즉 2010년대 20만 호 수준에서 2015년에는 약 52만 호까지 급증하면서 주택 담보 대출도 덩달아 증가했음을 확인할 수 있습니다.

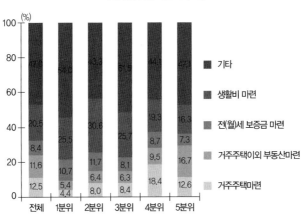

소득 분위별 신용 대출 목적 비중

자료 : Weekly KDB Report, 2017.1.9. 재인용.

그렇다면 우리나라의 가계 부채 규모는 얼마나 될까요? 현대경제연구원의 〈국내 가계 부채 증가의 원인 및 전망〉은 2017년 현재 국내 가계 부채의 규모가 약 1,460조 원, 2016년 대비 9.8% 증가할 것으로 전망하고 있습니다. 가계 부채가 이처럼 빠르게 증가하면서 소득 대비 가계 부채 비율도 2017년 말이면 약 159%에 달할 것으로 보입니다.

정부는 가계 부채 개선을 위해 당분간 주택 담보 대출을 억제하는 기조를 유지하기로 했습니다. 또한 전체 주택 담보 대출 가운데 원리금을 분할하여 상환하는 대출의 비율을 45%까지 끌어올리는 목표를 정책적으로 추진하고 있습니다. 문제는 2017년에도 대한민국 경제가 회색빛이라는 점입니다. 가계 부채가 언제든 우리 경제의 뇌관이 될 것이라는 의미입니다.

가계 부채 문제는 더욱 심각해질 수 있지만, 무조건적인 인위적 대출 규제보다는 선제적 관리와 대응이 필요합니다. 금융 당국의 여신 심사 강화, 고정 금리의 확대 등과 같은 적극적인 정책도 필요하고요. 다만 정부가 인위적으로 주택 담보 대출을 규제하면 주택 시장의 경착륙, 내수 경기 회복을 가로막는 장애 요인 등이 나타날 수 있다는 지적도 있습니다.

주택 담보 대출의 규제가 지속될 경우 건설 투자 감소와 함께 주택 매매 시장의 둔화에 기인한 소비 위축의 여파로 국내총생산이

2%대 밑으로 떨어져 저성장이 고착될 것이라는 우려가 있음을 결코 간과해서는 안 됩니다. 따라서 일자리를 늘려 가계 부문의 소득을 늘리는 동시에 가계 부채에 대한 적절한 관리, 서민 계층을 위해 이자 부담을 완화하는 방안 등을 찾아 나가는 정책적 노력이 중요하다고 하겠습니다.

금리 변동,
어떻게 준비할까?

미국 연방준비제도Fed가 연방 기금 금리Federal Funds Rate를 본격적으로 인상하기에 나섰습니다. 한동안 금리 인상 시그널만 반복하다 연준 위원들이 만장일치로 인상을 결정한 것인데요.

미국의 금리 인상은 이제 시작일 뿐입니다. 2017년 3월 15일 0.25% 인상했다고는 하지만 3월 기준 미국 금리는 여전히 0.75%로 낮은 수준을 유지하고 있습니다. 2006년 금리가 연 5.25%에 달했다는 점을 감안하면 지속적인 상승이 오히려 더 자연스러워 보입니다. 미국 금리는 2007년까지 5%대를 유지했습니다. 그러다 2008년 금융 위기가 터지면서 제로 금리 수준까지 떨어진 것입니다. 사실 금리 인상이 다소 늦춰진 측면이 있습니다. 미국 내에서는 이미 기준 금리 인상이 여러 차례 예견되었기 때문입니다. 2016년 12월 15일 미국 연방공개시장위원회FOMC, Federal Open Market Committee 정례 회의에서 기준 금리를 0.50%~0.75%로 올리기도 했습니다.

기준 금리 인상 시 중요하게 고려하는 변수인 실업률만 보더라도 케인즈의 완전 고용 수준인 4.6%였습니다. 2007년 이후 최저 수준을 기록하고 있는 것이죠. 이에 더해 1.6%라는 비교적 높은 소비자물가지수 상승률과 그로 인한 인플레이션 가능성, 2016년 기준 GDP 성장률이 2.0%라는 점, 2017~2019년에 걸쳐 GDP 성장률이 2% 이상일 것이라고 전망된다는 점 등이 연준이 선제적인 금리 인상을 선택한 요인이라 하겠습니다.

미국의 금리 인상은 우리 경제에 어떤 영향을 줄까요? 우선 부동산 시장에 부정적인 영향을 줄 것으로 예상됩니다. 물론 지금 당장 해외 자본의 유출을 우려할 정도는 아닙니다. 그러나 신흥국에 투자한 글로벌 자본들이 본국으로 빠져나갈 가능성이 높아진 상황만큼은 분명합니다. 서민들의 주택 담보 대출, 신용 대출 등의 이자 부담이 늘어날 것으로 예상되는 이유죠.

이자 부담이 늘어나면 가계 부문의 가처분 소득이 줄어듭니다. 가처분 소득이 감소한다는 의미는 소득 자체가 줄어든다는 것입니다. 소비할 돈도 없는데 투자할 여력이 생길 리 없습니다. 일정 수준 이상 부동산 시장의 위축은 피할 수 없을 듯합니다. 다만 그 정도는 미국이 언제, 어느 정도의 속도로 금리를 인상하느냐에 달려 있습니다.

미국의 금리 인상은 가계 부채 문제에도 매우 부정적인 영향을 줄 것으로 분석됩니다. 가계 부채 자체가 부동산 시장과 직접적으로 연결되는 부분이 매우 큽니다. 게다가 가계 부채가 1,300조 원을 넘어선 상태입니다. 외환 위기가 낯설지 않은 대한민국 경제에 큰 부담 요인이죠. 미국의 금리 인상→외국인 투자 자금 이탈→주식과 채권 시장의 붕괴→외환 보유고 감소→환율 급등→경기 둔화 및 약화로 이어지는 연쇄 반응이 나타나지 말라는 법이 없죠.

2017년 2월 기준 우리나라의 기준 금리는 1.25%입니다. 내수 경기가 침체된 상황에서 금리 인상에 나서면 자칫 경기 회복에 찬물을 끼얹을 수도 있다는 지적이 설득력을 얻습니다. 여기에 사드 배치로 인한 중국의 경제적 보복, 미국 우선주의를 들고 나온 트럼프 정부의 보호 무역주의 등 우리 경제를 둘러싸고 있는 대외 경제 환경이 어느 때보다 불투명합니다. IMF를 비롯한 전문 기관들이 2017년 한국의 경제 성장률을 3% 이하로 예측하는 이유도 여기에 있습니다. 이런 상황인지라 미국이 금리 인상에 나섰다고 해서 한국은행도 선뜻 뒤따라 금리 인상에 나서기에는 부담스러운 처지입니다. 금리 인상 외의 정책 수단을 활용해야 한다는 뜻이죠.

그렇다고 마냥 금리 인상을 뒤로 늦출 수도 없는 처지입니다. 우리나라가 금리를 인상하지 않고 미국만 금리를 인상하면 한국과 미국 간 금리 차이가 줄어듭니다. 그러면 국내에 투자된 외국인 자본이 해외로 유출될 가능성도 덩달아 높아집니다. 큰 문제가 되지 않을 정도의 시차를 두고 인상에 나서는 것이 필요하다고 보입니다. 과거 한국과 미국의 장기 금리는 동조화 경향을 보여 왔지만, 금융 위기 시에는 기준 금리 인상이 장기 금리 인상으로 연결되는 데 상당한 시일이 걸리는 모습이 관찰됩니다. 미국의 기준 금리 인상 후 우리나라의 기준 금리 인상까지 평균 2년이 소요되었죠.

미국의 금리 인상으로 원화의 단기 환율 변동성은 커질 것으로 예측됩니다. 보통 우리나라가 금리를 인상하면 해외 유동성이 유입돼 달러 가치는 하락하고 원화 가치는 상승합니다. 원화 가치 상승은 수출품의 가격 경쟁력 약화로 이어지죠. 수출에 부정적인 영향을 줄 것이라는 점을 충분히 예측할 만한 대목입니다.

2017년 미국 연준은 두세 차례 정도 추가적인 금리 인상에 나설 것으로 보입니다. 연준이 추가적인 금리 인상을 단행하면 세계 경제에 미칠 영향력이 결코 작지 않을 것입니다. 그러나 금리 인상과 함께 미국의 경제 지표 개선도 함께 나타나리라 예상되는 만큼 세계 경제에 엄청난 타격을 줄 정도는 아닐 것으로 예상됩니다. 우리 입장에서는 미국 경제의 호황이 대미 수출 확대로 연결될 수 있다는 점만큼은 긍정적으로 보입니다.

미국 연준의 기준 금리 인상은 피할 수 없는 현실이 되었습니다. 이제는 금리 인상이 줄 충격을 최소화할 정책적 수단을 모색해야 할 상황입니다. 특히 가계 부채 해결을 위한 정책적 노력이 중요한 시점입니다. 취약 계층의 상환 부담을 완화할 안심 전환 대출 같은 실효성 있는 정책적 노력을 기대해 봐야겠습니다.

만혼이 저출산을 부른다

이제는 저출산이 우리 사회의 고질적 사회 문제 가운데 하나로 자리 잡은 것 같습니다. 〈2015 인구주택총조사〉에 따르면 2015년 11월 1일 기준으로 대한민국에 거주하는 전체 인구(외국인 포함)는 5,107만 명으로 2010년의 4,971만 명에 비해 136만 명(2.7%) 증가, 연평균 0.5% 증가로 나타나는데요. 인구 증가율만 보면 아직은 큰 문제가 없지 않을까 하는 착각이 들 수도 있습니다. 인구 증가율이 그래도 연평균 0.5% 정도는 증가하고 있으니 괜찮을 것이라고 생각하기 쉬우니까요.

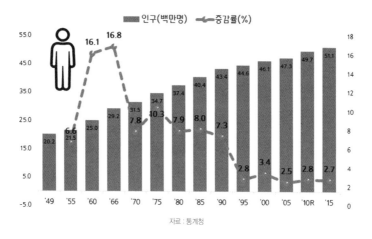

자료 : 통계청

그러나 1955년 이후부터의 인구 증감률을 보면 그런 생각이 싹 사라지게 됩니다. 1966년에는 인구 증가율이 무려 16.8%에 달했고, 심지어 1990년까지만 해도 연평균 인구 증가율이 7.3%로 매우 높은 수준을 유지했으니까요. 그랬던 인구 증가율이 1995년 이후 2000년 단 한 번만 제외하고 계속 2% 수준을 맴돌고 있습니다. 단순히 산수 계산하듯 아직 인구 증가율이 마이너스 수준은 아니니까 괜찮지 않을까 하는 생각은 정말 문제의 본질을 제대로 이해하지 못한 발상이라고 하겠습니다.

1990년 7.3%에서 1995년 2.8%까지 인구 증가율이 감소한 이후 지속적으로 2% 수준을 보인다는 것은 저출산 기조가 고착화되었다는 뜻입니다. 이런 사실은 통계청이 발표한 2016년 출생아 수 및 합계 출산율(여성 1명이 평생 낳을 것으로 예상되는 출생아 수) 자료(잠정)를 통해 분명히 확인됩니다. 통계청에 따르면 2016년 우리나라의 출생아 수는 40만 6,300명으로 나타났는데, 2015년 43만 8,400명에 비해 7.3%(3만 2,100명) 감소한 수치입니다.

2016년 출생아 수 및 합계 출산율(잠정)

자료 : 통계청

저출산 기조가 고착화되었다는 점은 출산한 산모의 연령대에서도 확인이 가능합니다. 2016년의 경우 2015년 대비 35세 미만 산모들의 출산율은 감소한 반면, 35세 이상 산모들의 출산율이 증가한 것으로 나타났습니다. 결혼 연령이 높아지면서 산모들의 평균 출산 연령도 높아지는 현상으로 해석할 수 있습니다. 보통 만혼으로 인해 첫 출산이 늦어지면 2자녀 이상을 출산하기 어려워지는 것이 일반적이죠. 만혼은 이제 보편적인 현상이 되었습니다. 상황이 이렇다

보니 '출산율 감소 → 인구 감소'라는 공식을 피할 수 없게 되었죠.

2016년 합계 출산율이 2015년의 1.24명 보다 0.07명 감소한 1.17명에 그친 원인도 만혼에서 찾을 수 있을 것으로 보입니다. 합계 출산율은 여성 1명이 평생 낳으리라 예상되는 평균 출생아 수를 말하는데요. 2016년 합계 출산율이 1.17명이라는 것은 2016년 현재 여성 1명이 평생 1.17명의 아이를 출산한다는 뜻입니다.

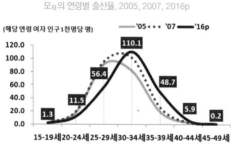

모(母)의 연령별 출산율, 2005, 2007, 2016p

자료 : 통계청

만혼으로 인해 늦은 나이에 출산하는 현상은 2016년 모의 연령별 출산율(해당 연령 여자 인구 1천 명당 출생아 수)이 30대 초반에서 110.1명으로 가장 높게 나타났다는 사실을 통해서도 확인됩니다. 그다음 20대 후반이 56.4명, 30대 후반이 48.7명 순서로 나타났죠.

만혼 때문에 출산율이 감소하고 있다는 주장의 근거는 출산율 증감이 나타나는 연령대를 통해서도 확인할 수 있습니다.

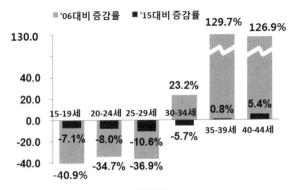

모의 연령별 출산율 증감률, 2006, 2015, 2016p

■ '06대비 증감률   ■ '15대비 증감률

통계청 자료를 보면 2016년 현재 모의 평균 출산 연령이 2006년
에 비해 상당히 상승했다는 점을 확인할 수 있습니다.

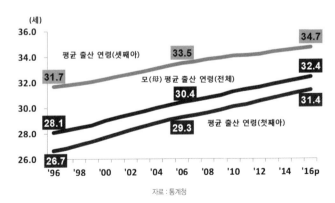

모의 평균 출산 연령, 1996∼2016p

자료 : 통계청

보다 더 확실하게 만혼이 저출산의 원인이 되고 있다는 사실은 모의 연령별 출생아 구성비 변화를 통해서 명확하게 확인이 됩니다. 1996년 기준 25~29세인 모의 출산 비중은 54.3%였습니다. 그러다 2016년 현재 25~29세인 모의 출산 비중은 21.0%에 그치고 있습니다. 30~34세에 출산하는 비중은 21.5%에서 47.5%로 폭발적으로 증가했고, 35~39세에 출산하는 비중 역시 1996년 4.7%에 그치던 것이 2016년에는 23.2%까지 폭증했습니다.

모의 연령별 출생아 구성비, 1996, 2006, 2016p

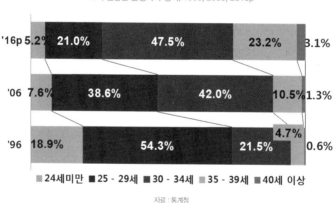

	24세미만	25 - 29세	30 - 34세	35 - 39세	40세 이상
'16p	5.2%	21.0%	47.5%	23.2%	3.1%
'06	7.6%	38.6%	42.0%	10.5%	1.3%
'96	18.9%	54.3%	21.5%	4.7%	0.6%

자료 : 통계청

위와 같은 통계치들은 만혼이 저출산의 큰 원인 가운데 하나라는 사실을 단적으로 보여 주는 것인데요. 이런 이유로 저출산 문제를 해결하기 위한 가장 효과적인 정책 수단은 첫 아이를 출산하는 연령을 낮추는 것이라는 주장이 설득력을 얻는 중입니다.

이제 저출산을 해결하는 방법을 찾았습니다. 그렇다면 문제를 해결할 수 있을까요? 결코 그렇지 않습니다. 만혼을 초래하는 원인이 워낙 복잡하고 구조적입니다. 만혼과 이로 인한 저출산 문제를 극복하기 위해서는 보다 정밀하고 포괄적인 접근 방식이 필요합니다. 물론 바탕에는 자녀를 낳아 교육하고 양육하는 데 필요한 경제적 부담을 줄여 주기 위한 다양한 노력이 포함되어야 할 것입니다.

TALK
#024

저출산, 무엇이 문제인가?

2016년 우리나라의 합계 출산율은 1.17명으로 전년도 1.24명에서 0.07명 줄었습니다. OECD 회원국의 평균인 1.68명(2014년 기준)에는 한참 못 미치는 최하위권입니다.

저명한 경영학자였던 피터 드러커Peter Drucker는 저서《넥스트 소사이어티》를 통해 "미래 사회는 고령 인구의 급속한 증가와 젊은 인구의 급속한 감소로 인해 지금까지 어느 누구도 상상조차 할 수 없을 만큼 엄청나게 다른 사회가 될 것"이라고 예언하였습니다. 아울러 "인구 통계의 변화는 정확한 미래 예측을 할 수 있는 유일한 수단"이라면서 인구 구조의 중요성을 강조하였죠. 옥스퍼드 대학의 데이

비드 콜먼David Coleman 교수는 지금의 저출산이 지속된다면 2100년 한국의 인구는 지금의 절반으로 줄어들며, 2300년이 되면 거의 소멸 수준의 인구가 될 것이라고 예측한 바 있습니다.

혹자는 다소 과장된 이야기라 생각할지도 모르겠는데요. 만일 그런 일들이 현실화된다면 어떨까요? 생각만 해도 끔찍한 일이 아닐까요? 한때 '둘만 낳아 잘 기르자'라는 정부의 인구 정책 표어가 있었죠. 2017년 현재 대한민국은 예전 표어가 무색할 정도로 출산율이 낮은 수준에 머물러 있습니다.

UN은 노인의 인구 비율이 7% 이상을 고령화 사회, 14% 이상을 고령 사회, 20% 이상을 초고령 사회로 정의하고 있습니다. 우리는 이미 2000년에 고령화 사회로 진입하였고, 2020년경에는 고령 사회로, 2030년경에는 초고령 사회로 진입할 것으로 예상됩니다. 반면 출산과 직결되는 결혼 건수와 가임 여성(15~49세) 인구는 점차 줄고 있어 2018년에는 결혼 건수가 30만 명대로 떨어질 수도 있다고 합니다. 참고로 2016년 혼인 건수는 28만 천여 건으로 2015년 대비 7% 정도 감소했죠. 25만여 건 수준이던 1974년 이후 42년 만에 최저치였습니다.

결혼을 안 하고, 출산율은 떨어지고, 노인 인구는 증가하는 현상이 가속화된다면 사회 전체에 부정적인 영향을 미칠 수밖에 없습니다. 정부도 출산율 제고를 위해 2006년부터 10년 동안 무려 140조

원의 재정을 투입했습니다. 그럼에도 2007년 1.25명 수준이던 합계 출산율은 2016년 1.17명에 그치고 있습니다. 그야말로 투자 대비 성과가 초라하게 보일 정도입니다.

최근의 출생아 수를 살펴보면 2013년 43만 6,500명, 2014년 43만 5,400명, 2015년 43만 8,400명이었습니다. 2016년에는 40만 6,300명으로 2015년보다 7.3%나 급감했습니다. 현재와 같은 방식으로 출생아 수를 집계하기 시작한 1970년 이후 가장 낮은 수치입니다. 신생아 수는 43만 명대를 꾸준히 유지했으나, 올해는 출생아 수가 더욱 감소해 저출산에 대한 위기감까지 들 정도입니다.

1987년 최초로 2명 이하의 출산율이 집계된 이후 대한민국은 '초저출산국(출산율 1.3 이하)' 중 하나가 되었습니다. 2015년에는 출산율이 1.24명에 그치면서 세계에서 다섯 번째로 낮은 출산율 국가가 되었습니다.

낮은 출산율은 인구 고령화 속도를 더욱 가파르게 만들고 있습니다. 통계청은 65세 이상 고령 인구는 2015년 654만 명에서 2025년에 1,000만 명을 넘어, 2049년에는 1,882만 명까지 증가 후 감소할 것으로 예측했습니다. 특히 고령 인구의 구성비는 2015년 12.8%에서 가파르게 상승해 2018년에 14%를 돌파할 가능성이 높습니다. 이에 따라 '고령 사회'로 진입하게 될 것으로 보입니다. 이후 2026년 20%, 2037년 30%, 2058년엔 40%를 초과할 것으로 예측했습니다. 고령화 속도를 제어해 주는 것이 출산율인데, 점차 감소하고 있으니 가파른 고령화는 숙명적으로 되어 가고 있죠.

연령별 인구 구성비

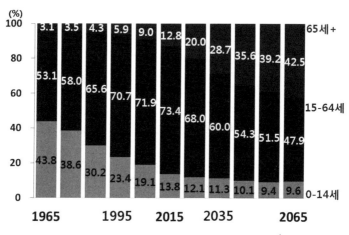

자료 : 통계청, 장래 인구 추계 : 2015~2065년, 2016.

저출산, 고령화 현상으로 압축되는 인구 구조의 변화는 그동안 한국 경제의 고민으로 꾸준하게 거론되어 왔습니다. 2014년 국회 예산정책처는 장기 경제 전망을 발표하면서 2021~2040년까지 연평균 성장률이 2%대에 머물 것이며, 이후에는 연 1%대 성장률에 그칠 것으로 예측했습니다. 인구 구조의 변화가 저성장의 주원인임을 직시했던 것이죠.

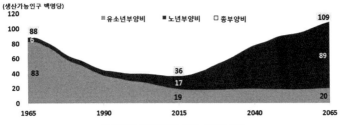

총부양비, 유소년 부양비 및 노년 부양비, 1965~2065년(중위)

(생산가능인구 백명당)

■ 유소년부양비   ■ 노년부양비   □ 총부양비

자료 : 통계청, 장래 인구 추계 : 2015~2065년, 2016.

우리나라의 출생아 수는 1992년 73만 678명을 정점으로 점차 낮아져 2002년 49만 2,111명을 거쳐 이후 40만 명대를 유지하고 있습니다. 출산율 감소는 생산 가능 인구(15~64세)에도 영향을 미칩니다. 대한민국의 생산 가능 인구는 2016년 3,763만 명으로 정점을 찍은 후 2017년부터 감소하기 시작해, 2065년에는 2,062만 명까지 감소할 것으로 예측됩니다. 2015년 대비 55.1% 수준에 그치는 것이죠.

생산 가능 인구의 감소는 젊은 층이 부양해야 하는 노령 인구가 증가한다는 의미입니다. 생산 가능 인구 100명당 부양해야 할 고령·유소년 인구를 뜻하는 총부양비는 2015년 36.2명이지만, 2037년엔 70명을 넘어서고 2059년에는 100명을 넘길 것으로 보고 있습니다. 2065년에는 총부양비가 2015년의 무려 3배에 달한다는 것이죠. 인구 구조의 급속한 변화가 자칫 세대 간 갈등의 원인이 될지도

모르는 상황이 매우 우려스럽지만 출산율 제고 외에 마땅한 방안이
없어 안타까울 뿐입니다.

저출산, 해법은 무엇인가?

대한민국이 미국의 경제학자 해리 덴트Harry Dent가 주창한 '인구 절벽'의 시대를 겪을 가능성이 높아지고 있습니다. 인구 절벽은 '한 세대의 소비가 최고점에서 점차 감소하여 다음 세대가 소비의 주체로 등장할 때까지 경제 가치가 둔화되는 현상'으로, 해리 덴트는 한국이 2018년 처음으로 인구 절벽을 경험할 것이라고 예측했습니다. 실제 2017년은 한국의 '인구 절벽 원년'이 될 가능성이 점점 높아지고 있습니다.

중국은 한 자녀 정책을 폐지하여 2016년 1월 1일부터 전역에서 두 자녀 정책이 시행되고 있습니다. 고령화와 성비 불균형 문제로 촉발된 인구 구조의 왜곡이 장기적으로 중국이라는 국가의 미래 전망을 어둡게 한다는 판단을 했기 때문이죠. 〈이코노미스트The Economist〉는 오늘날 중국의 출산율 감소가 산업화, 도시화로 인한 여성의 노동 시장 참여, 교육 개선, 만혼 증가, 교육비와 주거비의 급격한 증가 등에 원인이 있다고 보고 있습니다.

중국의 또 다른 문제는 '소황제' 현상입니다. 소황제로 불리는 이들은 홀로 자라면서 주변의 사랑을 독차지해 의존성은 높은 반면 적응력은 낮은 세대들입니다. 그들이 부모 세대를 부양해야 하는 책임을 져야 하는 상황입니다. 출산율 감소가 미치는 부정적 효과가 비단 우리나라만의 문제가 아니라는 것이 잘 나타나는 대목이라 하겠습니다.

늘지 않는 출산율 때문에 정부는 산아 제한 정책을 폐기하고 출산율 향상을 위한 '제3차 저출산·고령 사회 기본 계획(2016~2020)'인 '브릿지 플랜 2020'을 발표했습니다. 출산율이 오르지 않는 것도 문제지만 출산율 감소 속도까지 매우 빠르다는 것이 더욱 안타까울 뿐입니다.

정부가 2006년부터 2015년에 걸친 기간 동안 각종 저출산 대책에 쏟아부은 돈만 무려 140조 원에 달한다고 합니다. 현 정부도 2016년 10월 저출산·고령화 대책을 발표하면서 2020년까지 총 108조 원가량이 투입되는 대책들을 내놓은 바 있습니다. 전문가들은 출산율을 높이기 위해서라면 직접적인 재정 투입보다 일자리 창출, 주거비 부담 축소, 교육비 부담 완화와 같은 방안들을 출산율 제고를 위한 가장 확실한 대책으로 제시하고 있습니다.

특정 시점별 인구 피라미드

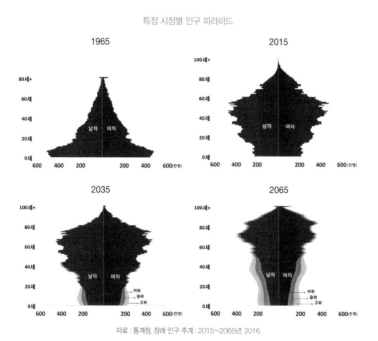

자료 : 통계청, 장래 인구 추계 : 2015~2065년, 2016.

현대경제연구원이 내놓은 보고서 〈출산율 부진의 배경과 시사점〉에 따르면 사람들이 결혼을 미루거나 기피하는 가장 큰 이유는 '결혼, 주택 마련 등 비용 부담(42.1%)' 때문이었습니다. 결혼에 부정적

인 사람들의 경우에는 '전반적인 경제 및 고용 상황 불안(32.3%)'이
가장 큰 이유로 나타났습니다.

결혼 장애 요인

(단위 : 명, %)

		빈도 (명)	결혼, 주택마련 등 비용부담	전반적인 경제/ 고용상황 불안	직장생활 등 개인활동 방해	배우자/자녀/ 시댁/처가 구속	기타
	전체	539	42.1	34.0	14.3	9.1	.6
결혼관	꼭 해야한다	353	48.4	34.8	9.9	6.8	.0
	그렇지 않다	186	30.1	32.3	22.6	13.4	.9
연령	20대	248	44.8	31.5	14.5	8.9	.4
	30대	291	39.9	36.1	14.1	9.3	.7
성별	남자	252	51.2	33.3	9.5	5.6	.4
	여자	287	34.1	34.5	18.5	12.2	.7

자료 : 현대경제연구원, 출산율 부진의 배경과 시사점, 14-6(통권 557호), 2014.

    그럼 저출산 해법은 과연 무엇일까요? 지난 10년간 막대한 양의
예산을 쏟아붓고도 실효를 거두지 못한 정부의 해법을 사회적 인식
과 환경을 바꾸는 정책으로 전환해야 한다는 내용이 주를 이룹니다.
현재 청년층은 불안정한 일자리와 저임금에 시달리고 있습니다. 결
혼을 하고 싶어도 할 수 없는 상황에 처해 있죠. 결혼 후 출산하고 아
이를 양육하기 위한 환경도 충분치 않습니다. 노동 시간을 돌봄 시
간에 맞추는 방식으로 바꾸고, 남성들의 육아 휴직을 보다 적극적으
로 유인할 정책이 필요합니다.

어쩌면 출산율 제고를 위해 가장 시급한 것은 사회적으로 결혼과 출산에 대한 긍정적 인식 확산일 수 있습니다. 이런 점에서 미혼자의 결혼 장애 요인을 해결하고자 하는 정부의 적극적인 정책 노력, 결혼 자체를 긍정적으로 바라보는 사회적 분위기 형성에 보다 적극적으로 나서야 할 것입니다. 출산율을 높이겠다는 확고한 정책적 의지를 새 정부의 정책에서 찾아볼 수 있기를 바랍니다. 그래야만 출산율 걱정 없는 대한민국이 되지 않을까요?

TALK
#026

대학, 생존 경쟁을 벌이다

대학들이 벌이는 생존 경쟁이 한창입니다. 신입생을 가려 뽑던 시절이 오래전 일이 아니었는데, 이제는 서로 신입생을 유치하기 위해 처절한 경쟁을 해야 하는 상황까지 내몰리게 된 것입니다. 어쩌다가 대한민국 대학들이 이런 지경에까지 이르렀을까요? 여러 가지 이유가 있겠지만 인구, 그중에서도 학령 인구의 감소가 가장 큰 원인일 것입니다.

2016년 12월 통계청의 〈장래 인구 추계〉에 따르면 우리나라의 출생아 수는 2015년 기준 43만 명에서 2035년 36만 명 수준까지 떨어진 후 2065년에는 26만 명까지 감소할 것으로 전망됩니다. 실제로 2016년 합계 출산율은 1.17명에 그쳤습니다. 저출산 기조가 고착된 결과죠.

학령 인구의 감소 문제는 얼마나 심각한 상태일까요? 통계청 추계에 따르면 고등학교 학령 인구(15~17세)는 2015년 187만 명에서 2065년에는 2015년의 47% 수준인 87만 명 수준까지 감소할 것으로 예상됩니다. 대학교 학령 인구(18~21세) 역시 2015년 275만 명에서 2065년에는 2015년 대비 44% 수준인 121만 명 수준으로 감소할 것으로 예측되었습니다.

학령 인구의 급속한 감소에 대응하기 위해 교육부도 대학 정원의 감축에 나섰습니다. 대학 정원을 2017년 4만 명, 2023년까지 16만 명 줄이겠다는 목표로 추진 중이죠. 다소 강압적이기는 하지만 어쩔 수 없는 선택이라고 봅니다.

교육부는 대학 정원의 감축을 유도하기 위해 정부의 재정 지원 사업과 정원 감축을 연계하고 있습니다. 실제로 대학 특성화 사업에서 정원 감축을 하지 않은 대학을 탈락시켰습니다. 물론 대학들도 자구책 차원에서 정원 감축에 나서지만, 학교 재정을 등록금에 의존하는 정도가 심한 대학들이 적극적으로 정원 감축에 나서기에는 한계가 있는 것이 사실입니다.

그나마 정원 감축에 나서는 대학들도 쉽지만은 않은 것 같습니다. 대학의 전공별 정원 조정에 대한 학내 반발이 만만치 않지요. 대학들이 취업률과 학생 모집에 도움이 되지 않는 기초 학문이나 경쟁력 없는 학과들의 폐과, 통폐합을 전제로 정원 감축을 추진하고 있거든요.

정원 감축은 대학의 재정난과 직결됩니다. 우리나라의 대학은 운영에 필요한 자금을 지나치게 등록금에 의존합니다. 사립 대학의 경우 가장 큰 부분을 차지하는 재정 수입이 등록금입니다. 등록금 중심의 재정 구조는 비싼 등록금 문제를 만드는 주요 원인입니다. 또한 등록금 위주의 재정 구조는 대학들이 재정난을 극복하기 어렵게 만드는 이유이기도 합니다.

2014년 기준 4년제 사립 대학의 수입 총액 대비 등록금 의존 비율은 54.7%에 달한 것으로 나타났습니다. 물론 2010년 62.6%에서 지속적으로 낮아지기는 했지만 여전히 사립 대학 재정의 절반 이상이 등록금으로 운영되는 실정입니다[*].

반면 미국 사립 대학의 등록금 의존 비율은 33.3% 수준입니다. 하버드대의 경우 등록금 수입은 전체 재정의 30% 수준이고, 주립대들은 18.9% 수준에 불과합니다. 우리나라 대학의 재정이 얼마나 등록금에 의존하고 있는지를 여실히 보여 주는 수치입니다.

---

[*] 대교연 통계, XI. 등록금 의존율, 2015. 12.

더 큰 문제는 대학의 사회적 역할에 대한 의문이 제기되고 있다는 점입니다. 한국고용정보원의 〈청년층 취업준비자 현황과 특성〉에 따르면 청년 취업 준비자 수는 2015년 기준 45만 명 수준이었고, 20~24세 청년층 취업 준비자 중 시험 준비를 하고 있거나 시험 준비를 한 경험이 있는 경우는 47.9%, 25~29세에서는 53.9%로 나타났습니다.

20~24세가 준비하는 시험은 9급 공무원 시험이 63.7%로 가장 많았습니다. 다음으로 교원 임용 시험 17.4%, 기타 공무원 시험 4.8%, 공단·공사 시험 4.0%, 7급 공무원 시험 3.2% 등의 순이었습니다. 25~29세가 준비하는 시험도 9급 공무원 시험이 45.5%로 가장 많았고 교원 임용 시험 14.8%, 7급 공무원 시험 11.8%, 기타 공무원 시험 4.6% 등이 뒤를 이었습니다. 한국의 대학생들은 전공과 무관한 공무원 시험과 취업을 위한 준비로 대학 생활을 보내고 있다고 해도 과언이 아닌 것입니다.

왜 대부분의 대학생들이 전공과 무관한 공무원 시험과 취업 준비에 매달리는 것일까요? 바로 기업들의 대학 교육에 대한 불신 때문입니다. 요즘의 기업들은 대학 교육을 믿지 않습니다. 대학을 졸업해도 전공 지식과 문제 해결 능력이 부족해서 대학 교육과 산업 현장에서의 실무 역량 사이에 괴리 현상이 발생하고 있습니다.

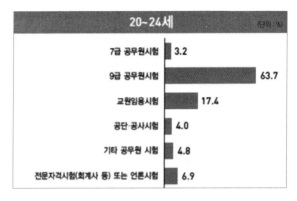

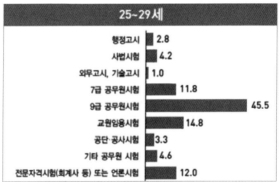

자료 : 한국고용정보원, 청년층 취업준비자 현황과 특성, 2016.

스위스 국제경영개발원의 자료에 의하면 '대학 교육의 경제 · 사회 요구 부합도'에서 우리나라의 순위는 51위(2009)→46위 (2010)→39위(2011)→42위(2012)→41위(2013)→53위(2014)였습 니다. 기업들이 우리나라 대학 졸업생들의 기본적인 업무 능력은 물론 인성, 도덕성, 창의성, 의사소통 능력, 리더십 등 다양한 요소가 결핍되어 있다고 본다는 뜻입니다.

지금까지 살펴본 내용을 보면 살아남을 대학을 충분히 예측할 수 있습니다. 대부분의 교육 전문가들은 대학이 살아남기 위한 전략으로 교육과 연구 중심의 경쟁력을 되살리는 것을 꼽고 있습니다. 대학은 연구 분야의 경쟁력을 제고할 조건을 갖추고 있습니다. 대학 내에 풍부한 고급 인적 자원들이 있기 때문입니다. 선택과 집중을 통해 장기적으로 연구와 교육 이외의 모든 분야에서 손을 뗀다면 충분히 생존 경쟁에서 살아남을 수 있으리라고 봅니다.

그러기 위해서는 우선 단기적 성과에 급급해서는 안 되겠죠. 장기적인 성과를 추구하면서 미래 비전을 다시 설계하고, 이를 통해 경쟁력을 확보하는 과정이 필요할 테니까요. 우리나라 대학의 미래 모습이 어떻게 바뀔지 궁금하지 않습니까?

TALK
#027

ᅳ

온라인 대학 교육의
미래를 엿보다

대한민국에는 몇 개의 대학교가 있을까요? 궁금하지 않은가요?
2017년 현재 우리나라에는 4년제 대학을 포함해 총 407개의 대학
교가 교육부에 등록되어 있답니다. 미래에는 얼마나 많은 대학들이
존속할지는 알 수 없죠. 미래를 예측하기란 불가능에 가깝습니다.
그럼에도 때때로 미래 예측은 국가나 기업의 흥망성쇠를 결정하기
도 합니다. 과연 미래의 대학은 어떤 모습일까요?

《2020 미래교육보고서》에서 박영숙 유엔미래포럼 대표는 "미래
교육은 집단 지성, 적시 학습, 개별화 교육 방향으로 변화를 겪을 것
이며 대학의 절반이 없어진다"고 예측했습니다. 먼 미래가 아닌 가

까운 미래인 2040년경이면 교육 시스템이 해체되며 대학의 절반이 없어지게 될 것으로 보고서는 말하고 있습니다. 무료 온라인 대학의 교육 과정이 활성화되고 단기 교육 과정인 마이크로 칼리지가 일반화되면서 대학에서는 순수하게 학문을 연구하는 학과 이외에는 모두 경쟁력을 잃게 될 것으로도 전망했습니다. 미래의 선생님은 더 이상 학생들에게 지식을 가르치는 존재가 아니며, 정보와 지식의 전달자에서 교육 포털 등에 공개된 정보를 바탕으로 학습을 돕는 조력자가 되리라는 예측입니다.

왜 머지않은 미래에 대학들이 사라진다고 진단할까요? 온라인 교육 때문입니다. 2012년 미국(하버드대, MIT대, 스탠퍼드대)을 중심으로 시작한 대규모 온라인 공개강좌인 '무크 MOOC, Massive Open Online Course'는 이미 전 세계 학습자들에게 양질의 고등 교육 콘텐츠를 제공하기 시작했습니다. 무크의 열풍은 유럽을 거쳐 아시아로 급속히 확산되고 있습니다. 이미 2013년 중국의 XuetangX, 2014년 일본의 JMOOC, 2015년 말레이시아의 myMOOC 등이 정부의 직·간접적인 지원을 통해 서비스를 출범시켰습니다.

우리나라도 2013년 서울대와 카이스트가 해외 무크 플랫폼에 일부 강좌를 개설해 운영한 바 있습니다. 2016년 10월부터는 서울대, 고려대, 연세대 등 10개 대학이 27개 강좌를 개설한 후 한국형 온라인 공개강좌인 한국형 무크 K-MOOC 서비스를 시작했습니다.

무료 또는 저렴한 비용으로 누구에게나 최상의 교육을 제공하는 무크는 미국의 몇몇 대학에서 학점으로까지 인정하고 있습니다. 파괴적 혁신으로 유명한 하버드대 클레이튼 크리스텐슨Clayton Christensen 교수는 15년 내에 미국 대학의 반 이상이 사라질 것으로 내다보았습니다. 대학 학위의 중요성이 점차 줄어드는 데 비해 등록금은 비싸기 때문이죠. 그 자리를 무크와 같은 저렴하면서도 양질의 교육 서비스를 제공하는 온라인 교육이 대체할 것으로 보았습니다.

제임스 두데스탯James Duderstadt은 저서를 통해 "미래 대학에서 학생들은 능동적인 학습 주체가 될 것이며 그들의 수요와 필요에 의해 지식과 정보가 교환될 것"이라고 주장했습니다. 강의실에서만 이루어지던 학습이 대학 전체를 포괄하는 넓은 의미의 학습 공동체 안에서 이루어질 것이라는 뜻이죠.

정보 기술은 우리 사회 전체를 이전과 다른 방향으로 이끌고 있습니다. 정보 기술의 발전은 시간과 공간적 제약을 줄여 줍니다. 언제 어디서든 원하는 교육 콘텐츠에 접근 가능해지고, 이를 통해 새로운 도전과 기회를 창출하게 되겠죠. 따라서 디지털 시대의 핵심은 변화와 도전으로 요약됩니다. 디지털 시대의 대학도 새로운 도전과 변화에 직면하고 있습니다. 물론 대학들은 이런 도전을 지식 학습 공동체로 거듭나는 기회로 활용해야 합니다.

미래 교육 과정에서는 필요에 따라 신입생이 4학년 교육 과정을 학습하고, 학부 학생이 대학원 교육 과정을 학습하며, 국내 학생이 외국 대학의 교육 과정을 자연스럽게 학습할 수 있을 것이라고 두데 스탯은 주장했습니다. 대학 교육 과정이 학습자의 수요를 충족시키고 현장에서 바로 적용할 수 있는 현장 중심의 맞춤형 교육 과정으로 대체되리라고 예상한 것이죠.

그러나 아무리 온라인 교육이 저렴한 비용에 양질의 교육을 제공한다 할지라도 대학 교육이 가르치는 전통적인 가치들, 이를테면 인성, 창의성, 협동심과 같은 가치까지 포함하기는 어려운 것이 사실입니다. 바로 이 부분에서 대학 교육의 미래를 찾을 수 있습니다.

앨빈 토플러Alvin Toffler는 저서 《부의 미래》에서 '10마일로 기어가는 교육 체계가 100마일로 달리는 기업에 취업하려는 학생들을 준비시킬 수 있겠는가?'라는 질문을 던졌습니다. 이 질문은 2017년 현재 한국 대학에 던지는 질문이기도 합니다. 우리의 대학들은 변화해야 생존할 수 있습니다. 변하지 않는다면 대학의 미래는 없습니다. 변화 없이 과연 미국의 하버드대, 영국의 옥스퍼드대와의 글로벌 경쟁에서 살아남을까요?

젠트리피케이션의 그늘

부동산 현상에 그치지 않고 사회 문제가 되고 있어 요즘 부쩍 언론들이 앞다퉈 집중 조명하는 핫워드Hot-word 가 하나 있습니다. 'Gentrification'이라 쓰고 '젠트리피케이션'이라 읽는 용어입니다. 이 젠트리피케이션, 참 독특한 녀석입니다. 속칭 방귀 좀 뀐다는 주요 선진국에서도 어김없이 나타났고, 현재도 진행형인 고민거리입니다. 그래서 그런지 젠트리피케이션이라는 용어는 우리나라뿐만 아니라 미국, 영국 등 주요 선진국들에서도 아주 쉽게 접할 수 있다는 특징을 갖고 있답니다.

이것이 의미하는 바는 무엇일까요? 선진국으로 가기 위해 반드시 감수해야 하는 통과 의례라고 생각해도 될까요? 점점 궁금해지시죠? 그럼 지금부터 젠트리피케이션이라는 녀석을 한번 살펴보도록 합시다.

우선 젠트리피케이션이라는 용어의 유래를 살펴보죠. 젠트리피케이션이라는 용어를 최초로 사용한 사람은 누구였을까요? 바로 영국의 사회학자인 루스 글래스Ruth Glass였습니다. 루스 글래스는 1964년 자신의 연구인 〈London : Aspects of Change〉에서 젠트리피케이션을 '근로자 계층의 주거 및 상업 지역이 중산층 계층에 의해 대체되는 현상'으로 정의하였습니다.

루스 글래스는 왜 젠트리피케이션이라는 용어를 사용했을까요? 사회학자였던 그는 낡은 주택과 상업 시설의 재생이 동반되지 않는 통상적인 재개발과 구분하기 위해 이 개념을 정의했던 것입니다. 재미있는 사실은 그가 처음으로 젠트리피케이션이라는 용어를 사용했다고 해서 젠트리피케이션이 현대 사회에 이르러 나타난 고유한 사회 현상이 아니라는 점입니다. 사학자들에 따르면 고대 로마 제국과 당시의 영국에서도 젠트리피케이션 현상이 나타났었다고 하네요. 다음의 본문은 지적 욕구가 충만한 분들이라면 사전을 찾아가면서 해석해 보시면 좋겠군요.

Gentrification

Origin and etymology

Historians say that gentrification took place in ancient Rome and in Roman Britain, where large villas were replacing small shops by the 3rd century, AD.

자료 : https://en.wikipedia.org/wiki/Gentrification#Origin_and_etymology 재인용.
원자료 : Trade, traders, and the ancient city, ed. Helen Parkins and Christopher John Smith, Routledge, 1998, p197.

놀랍지 않은가요? '현대 사회에서만 나타나는 문제'라고 치부하기 쉬운 현상이 실제로는 역사 속에서 이미 다양한 형태로 나타났다는 사실이요. 물론 역사학자들의 주장이기는 하지만 충분히 설득력이 있습니다. 그래서 역사는 돌고 돈다는 말이 있나 봅니다.

이쯤에서 젠트리피케이션을 개념적으로 좀 더 명확하게 짚고 넘어가야겠습니다. 우리나라에서 나타나고 있는 젠트리피케이션 현상을 계속해서 살펴보아야 할 테니까요. 루스 글래스의 정의, 그리고 '고대 로마 제국과 당시의 영국에서도 조그만 상점들을 대체해 큰 빌라들이 건축되는 현상'을 지적하고 있는 사학자들의 연구에 비춰 보면, 젠트리피케이션 현상은 '외면받던 구도심 지역이 다시 활기를 띠게 되자 종전 거주민들에 비해 소득 수준이 높은 계층들(예를 들어 중산층 이상)이 유입되고, 이로 인해 기존 거주민들이 다른 지역으로 밀려나는 현상' 정도로 풀이할 수 있겠네요.

　다음은 우리나라에서 나타나는 젠트리피케이션 현상에 대해 살펴볼 차례입니다. 우리나라의 경우 1960년대 이후 급속도로 경제 성장을 이루게 됩니다. 다른 나라 사람들은 이를 두고 '한강의 기적'이라고 말하곤 하죠. 경제 성장 과정에서 나타나는 현상은 여러 가지가 있습니다. 그중 가장 대표적인 현상은 급속도로 진행되는 산업화와 이로 인한 도시로의 폭발적인 인구 유입입니다. 갑작스러운 도시로의 인구 집중 현상은 다양한 도시 문제들을 유발하기 마련이죠. 이웃 나라 중국의 경우를 생각하면 보다 이해하기 쉬울 것입니다.

　우리나라는 특히 1980년대 이후 인구 집중에 따른 도시 문제 해결을 위한 수단으로 도시 외곽에 대규모 신도시를 건설하게 됩니다. 이른바 수도권 제1기 신도시들인 분당, 일산, 산본, 평촌, 중동 등이 이에 해당하죠. 이후 제2기 신도시들도 건설되었고요. 이러다 보니 아무래도 개발의 중심축이 비도심 지역, 즉 도심 외곽 지역이 되면서 개발 편중 현상이 나타납니다. 1990년~2010년에 걸친 기간은 그야말로 신도시 전성시대가 되었죠. 반면 기존의 도심 지역들은 총체적인 재개발 내지는 재정비라는 과제에 직면합니다. 우리의 뇌리에 뉴타운으로 대표되는 재개발, 재건축 광풍이 전국을 뒤덮던 시절의 기억이 뚜렷하게 남아 있는 이유라고 하겠습니다.

　도심 공간이 하나둘 재정비되면서 새로운 현상이 나타나는데요.

사실 기존 도심은 비록 개발 중심축에서 비켜서 있었지만, 그럼에도 불구하고 입지라는 측면에서의 잠재적 가능성은 상실하지 않고 있었습니다. 이런 상태에서 기존 도심을 재정비하고 생활 환경을 집중적으로 개선하자 기존에 거주하던 원주민들보다 소득 수준이 높은 중산층 이상의 주민들이 새롭게 자리 잡게 됩니다. 곧 새롭게 자리 잡은 중산층 이상의 계층이 원하는 방향에 맞춰 주거 공간, 복합 문화 공간 등의 정주 여건이 갖춰지는 기폭제가 됩니다.

이 과정에서 종전에 거주하던 원주민들은 주거는 물론 근린 상업 시설 등에서 가파르게 상승하는 임대료와 매매 가격을 이기지 못하고 떠나게 되죠. 그들이 떠난 빈자리는 새롭게 형성된 가격 수준을 경제적으로 부담할 수 있는 계층들로 채워지는 현상이 지속됩니다. 이것이 바로 대한민국에서 벌어지고 있는 젠트리피케이션의 본질입니다.

젠트리피케이션의 발생 과정

자료 : 서울시

위 그림은 서울시가 젠트리피케이션의 발생 과정을 알기 쉽게 정리한 것입니다. 이제 대한민국에서 진행되고 있는 젠트리피케이션이 무엇인지 파악이 되시죠? 현재 젠트리피케이션 현상이 심화되었거나 심화되고 있는 지역들로는 대학로, 인사동, 신촌, 홍익대 앞, 합정, 북촌, 서촌, 성미산 마을, 해방촌, 세운 상가, 성수동 등이 있는데요. 이 지역들은 요즘 그야말로 가장 핫한 지역들이라는 특징이 있으면서, 동시에 과거 신도시 위주의 개발이 진행되던 시절에는 개발이라는 단어와는 상당히 거리가 멀었던 지역들이라는 특징도 확인할 수 있을 것입니다.

2015년 11월 24일 서울시는 젠트리피케이션 합동 대책을 내놓은 바 있습니다. 대한민국에서 진행되고 있는 젠트리피케이션으로부터 경제적 약자인 원주민들과 임차인들을 보호하고 지역 고유의 정체성을 잃지 않기 위한 고육책이라고 볼 수 있는데요. 나름 의미 있는 시도라고 하겠습니다.

물론 젠트리피케이션도 나름의 순기능이 없지는 않습니다. 침체되었던 지역이 다시 활기를 띠고, 지역 주민들의 평균 소득이 상승하며, 유대감이 강화된다는 장점도 있기 때문이죠. 그러나 사회 전체적으로 보면 아직까지 젠트리피케이션은 서민들의 삶의 터전을 빼앗는 약탈적 모습을 더 강하게 보이고 있다는 점에서 분명 경계해야 할 사회 현상입니다. 중앙 정부와 각 지자체에서 좀 더 고민하고 풀어야 할 사회 현상이죠.

다음의 그림들은 세계 속의 젠트리피케이션 현상을 보여 주고 있습니다. 기존 도심의 도시 재생 사업에 따라 종전의 거주민인 서민들이 삶의 터전을 떠나야만 하는 현상이 지금 이 시간에도 지구촌 곳곳에서 동시다발적으로 일어난다는 점을 여실히 드러내죠.

세계 속의 젠트리피케이션

자료 : https://www.flickr.com/photos/shirazc/2762490009
자료 : https://www.flickr.com/photos/mssarakelly/14204880310

안타깝지만 지구촌 곳곳에서 나타나고 있는 젠트리피케이션 현상을 근본적으로 예방할 방법은 존재하지 않는 것 같습니다. 국가별로, 동일 국가 내에서도 지역별로 젠트리피케이션의 양상이 서로 다른 데다, 국가가 직접적이고 완전하게 개입하기에도 명분이 마땅치 않기 때문이죠. 현재로서는 정부와 정치권, 지역 거주민과 이해 관계자들이 서로 양보하고 타협하면서 배려하는 자세만이 젠트리피케이션 현상을 극복하는 가장 기본적인 방법인 듯합니다.

지하 경제 문제,
이제는 풀어야 한다

한 경제 체제 내에서 정상적인 경제 활동을 하여 이익이 발생하면 정부는 그에 상응하는 적절한 세금을 부과합니다. 세금이 국가 재정의 원천이라는 사실은 모두 아시죠? 그런데 종종 정부가 파악하지 못하는 은밀한 경제 활동이 존재합니다. 이른바 지하 경제입니다.

소비자가 상품이나 서비스를 구매할 때 신용 카드 대신 현금으로 지불하게끔 유도하여 할인을 해주는 경우가 있습니다. 현금 거래는 매출을 과소 신고하여 탈세를 할 수 있죠. 현금 거래를 하는 대신 상품이나 서비스 가격을 특별한 이유 없이 할인해 준다면 탈세 의도가 조금은 있다고 봐야겠죠. 이처럼 현금을 주로 사용하면서 탈세를 하는 경제를 가리켜 현금 경제cash economy라고 합니다. 미신고나 과소 보고, 불성실 보고 등으로 정부의 공식적 통계에 반영되지 않는 경제 활동이죠.

지하 경제underground economy는 '정부 당국에 신고되지 않은 소득 또는 국민소득 통계에 포함되지 않는 소득의 총계"'를 의미합니다. 지하 경제는 넓은 의미로 마약 같은 불법적 경제 활동, 무허가 영업 활동 등 다양한 이유로 탈세를 목적으로 세무 당국에 신고하지 않는 모든 경제 활동을 말합니다. 지하 경제는 unreported economy, hidden economy, shadow economy, black economy, unrecorded economy 등 다양하게 표현되죠.

프리드리히 슈나이더Friedrich Schneider라는 학자는 지하 경제에 포함되는 내용을 특성에 따라 금전 거래와 비금전 거래, 합법적인 행위와 불법적인 행위, 탈세 목적의 행위와 조세 회피 목적의 행위로 분류하고 정리하였는데요. 다음은 그 내용을 정리한 것입니다.

---

*   Gutmann, P., The subterranean economy, Financial Analysts Journal, 1977, Vol. 33, No. 6, 26 – 27.
     Tanzi, V., Uses and Abuses of Estimates of the Underground Economy, The Economic Journal, 1999, Vol. 109, No. 456, p. F338–F347.

지하 경제 활동의 형태별 구분

구분	금전 거래		비금전 거래	
불법적 활동	• 장물의 거래 • 마약 생산 및 거래 • 매춘, 밀수, 사기 등		• 마약, 장물, 밀수품 등의 현물 거래 • 약물의 생산 및 재배 • 절도	
합법적 활동	탈세	조세 회피	탈세	조세 회피
	• 자영업자의 소득 탈루 • 합법적인 재화·용역과 관련된 업무 중 미신고된 임금 및 자산	• 종업원에 대한 할인 및 부가 혜택 (fringe benefits)	• 합법적인 재화·용역의 현물 거래	• 자가 생산 • 이웃 간의 도움

자료 : Schneider, F., "The size of the shadow economies of 145 countries all over the world: First results over the period 1999 to 2003", IZA, 2004, 1431.

슈나이더는 불법적인 마약 밀매나 도박 같은 반사회적 범죄 행위, 불법은 아니지만 가사나 보육처럼 직거래 방식으로 이루어지는 경제 활동을 지하 경제로 정의하였습니다. 사실 자가 생산, 이웃 간의 도움 등 비금전 거래와 같은 경제 활동은 규모를 추산하기가 매우 어렵습니다. 범죄와 관련된 장물, 마약, 매춘 등 불법적 활동도 특성상 매우 은밀히 이루어지기에 규모를 추정하기가 매우 어렵죠.

지하 경제가 발생하는 이유는 무엇일까요? 지하 경제는 국가별 경제 발전 수준과 반비례하는 특징이 있습니다. 높은 실업률에 기인한 불법·탈법적 일자리, 공공 부문에서 발생하는 뇌물, 불법적 리베이트 등이 원인으로 지적됩니다. 이외에도 지하 경제에서 취할 수 있는 이익이 정상적 방법과 절차에 의한 이익보다 크거나 세율이 특히 높은 경우에도 지하 경제 규모가 증가합니다.

비정규직의 증가도 지하 경제 증가의 원인이 됩니다. 한국노동연구원KLI의 〈2016 KLI 비정규직 노동통계〉에서 통계청 자료를 분석한 내용에 따르면 우리나라의 비정규직 비중은 2004년 8월 37.0%를 정점으로 2008년 8월 33.8%까지 하락하였습니다. 국제 금융 위기를 계기로 2009년 8월 34.9%로 상승하였으며, 2016년 8월 현재 32.8% 수준을 점하고 있습니다. 2003년과 비교해 보면 2016년 현재 비정규직은 약 200만 명 증가한 상황입니다. 비정규직의 증가는 본업 외에 파트타임 일자리 증가와 같은 지하 경제 규모의 증가에 큰 영향을 줍니다.

부정·부패도 지하 경제 규모를 키우는 원인입니다. 국제투명성기구는 2017년 1월 25일에 국가별 부패지수를 발표했는데, 덴마크와 뉴질랜드가 공동 1위, 핀란드가 3위를 차지했습니다. 우리나라의 부패지수는 100점 만점에 53점으로 176개국 중 52위(상위 29.5% 수준)를 기록했습니다. 역대 가장 낮은 순위였죠. OECD 35개국 중에서도 29위로 최하위권으로 나타났는데요. 2015년의 공동 27위보다 2단계 하락하였으며, 아시아·태평양 국가 26개국 중에서는 9위로 역시 2015년 7위보다 2단계 하락한 수준입니다. 우리나라보다 순위가 낮은 OECD 국가로는 슬로바키아, 헝가리, 이탈리아, 그리스, 터키, 멕시코 등 6개국뿐이었습니다. 안타까운 현실이 아닐 수 없습니다.

자영업 비율도 지하 경제 규모를 키우는 이유가 됩니다. 우리나라의 자영업자 비율은 OECD 회원국 가운데 5번째로 높습니다. 자영업자 비율이 높다는 점은 두 가지 측면에서 분석할 수 있습니다. 첫째는 창업 열기가 높다는 증거입니다. 두 번째는 안정된 일자리를 구하기 어려운 경제 현실이 반영된 결과라는 것입니다.

글로벌 통계 조사 업체인 스태티스타(Statista)에 따르면 2014년 기준 한국의 자영업자(자영업자+무급 가족 종사자) 비율은 전체 취업자의 26.8%를 차지하고 있습니다. 외환 위기 직후인 2000년 36.8%보다는 10%p 낮아졌지만 OECD 평균 15.4%보다는 11.4%p 높은 수준입니다.

자영업의 비율이 높다는 것은 소득 탈루 가능성도 높으리라는 추측이 가능한 대목입니다. 지난해 11월 더불어민주당 이언주 의원은 국정 감사에서 고소득 전문직과 자영업자의 소득 탈루가 심각하며 소득 적출률이 25.1%, 43.0%로 너무 낮다고 주장했습니다. 아울러 고소득자들의 탈루를 철저하게 적출해 내는 것이 가장 확실한 지하 경제 양성화이자 조세의 재분배를 통한 빈부 격차의 해소라고 했습니다.

국내 지하 경제의 규모는 얼마나 될까요? 자영업자를 중심으로 소득에 대한 탈루 규모가 OECD 회원국 중에서 가장 크다고 나타났습니다. 김종희 교수의 〈조세의 회피 유인이 경제 성장과 조세의 누진성, 지속 가능성에 미치는 영향에 대한 연구〉라는 보고서가 잘 말해 주는데요. 김종희 교수는 1995년부터 2014년까지 OECD 회원국 26개국의 GDP 대비 조세 회피 비율을 조사하였습니다. 결과를 보면 지난 20년 동안 한국의 지하 경제 규모는 GDP의 평균 10.89%였으며 탈세율은 3.72%였습니다. 이를 2014년 국내총생산 1,486조 원에 대입하면 지하 경제 규모는 161조 원, 조세 회피 규모는 55조 원에 이를 것으로 추산됩니다.

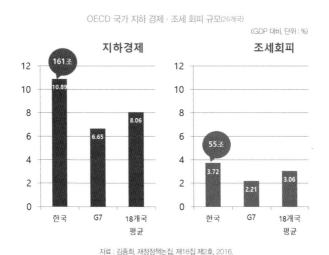

OECD 국가 지하 경제 · 조세 회피 규모(26개국)

(GDP 대비, 단위 : %)

자료 : 김종희, 재정정책논집, 제18집 제2호, 2016.

한편 슈나이더는 2012년 기준 대한민국의 지하 경제 규모를

GDP의 26.3%로 발표한 바 있습니다. 한국조세연구원은 2008년 기준 17%, 현대경제연구원은 23% 정도로 추정했습니다. 결국 국내외 학자와 연구 기관들은 우리나라의 지하 경제 규모를 GDP 대비 대략 17~25% 정도로 추정하고 있습니다.

기관별 지하 경제 규모 추정

연구 기관	대상 연도	GDP	지하 경제 규모 (GDP 대비 비율)
현대경제연구원	2012년	1,272조 원	290조 원(23.0%)
Schneider 외	2010년	1,173조 원	290조 원(24.7%)
여신금융협회	2009년	1,065조 원	204조 원(19.2%)
한국조세연구원	2008년	1,027조 원	177조 원(17.1%)
한국개발연구원	2006년	909조 원	200조 원(22.0%)

자료 : 기획재정부

마지막으로 지하 경제를 해결하는 방법은 무엇일까요? 가장 바람직한 방법은 지하 경제를 양성화하는 것입니다. 비록 지하 경제가 일부 소비를 증가시키는 긍정적 측면이 있더라도 기본적으로 자원의 생산을 제한하여 경제 성장률을 하락시키고 정부의 세수 수입을 축소시키는 등 재정 적자의 주요 원인이 되기 때문입니다.

지하 경제 규모를 축소하기 위해서는 일반적이지만 강력한 방법을 사용해야 합니다. 부정부패, 뇌물, 청탁의 근절입니다. '김영란법'

은 지하 경제의 규모를 줄이는 데 일정 수준 이상의 역할을 해줄 것으로 기대를 모으고 있습니다. 중요한 것은 좋은 법의 제정이 아니라 만들어진 법이 잘 작동되도록 하는 시스템 구축입니다. 지하 경제 규모를 줄이기 위해서라도 김영란법이 잘 정착되기를 기대해 봅니다.

담합 처벌,
이대로 괜찮은가?

기업은 급변하는 환경 속에서 살아남기 위해 다양한 방법을 활용하죠. 기업들이 집단화되려는 특성이 존재하는 이유도 궁극적으로는 생존을 위해서입니다. 기업의 집단화란 둘 이상의 단위 기업이 보다 큰 경제 단위로 결합하는 것을 말합니다.

기업들은 왜 집단화하려는 것일까요? 이유는 크게 세 가지로 설명할 수 있습니다. 첫 번째로 주로 동종 업종끼리 집단화함으로써 시장에서 경쟁을 회피하거나 시장 통제력을 강화하기 위함입니다. 두 번째로는 생산 공정이나 유통 경로상 전후방에 있는 기업끼리 집단화함으로써 해당 부문의 합리화를 추구하기 위함입니다. 마지막으로 출자 관계를 만들어 다른 기업을 지배하려는 금융상의 목적입니다.

기업이 집단화하는 방법을 살펴보면 대표적으로 카르텔, 트러스트(기업 합병과 유사), 콘체른(지주 회사가 콘체른의 한 형태) 등이 있는데요. 트러스트Trust란 두 개 이상의 기업이 법적으로나 경제적으로 독립성을 상실하고 하나로 통일되어 단일 기업이 되는 경제 행위이며 기업 합동이라고도 부릅니다. 콘체른Konzern은 자본에 의해 결합하는 집단화 형태로 두 개 이상의 기업이 법적으로는 독립적이나 경제적으로는 지배를 받는 형태로 결합하는 경제 행위입니다.

담합*은 기업 연합 또는 카르텔Kartel이라고도 하는데요. 동종이나 유사 업종 기업 간에 수평적으로 맺는 협정을 말합니다. 담합은 참여하는 기업들이 법률적으로나 경제적으로 완전히 독립되어 있어 협정에 따른 구속력이 없거나 약하다는 특징을 가지고 있습니다. 가장 흔한 형태의 담합은 판매에 관한 담합으로, 가격을 서로 합의하거나 판매 조건, 수량, 지역 등을 협정하는 것입니다.

좀 더 이해하기 쉽게 예를 들어 담합을 설명하자면 다음과 같습니다. 시골의 한 마을에 4개의 농기계 판매상이 있다고 가정해 보죠.

---

* 참조 : 장영광·정기만,《생활 속의 경영학》제3판, 신영사, 2009.

각각의 농기계 판매상들이 경쟁 구조를 유지하면 서로 많이 팔기 위해 가격을 낮추는 등 치열한 눈치 싸움을 해야 합니다. 주민들은 저렴한 가격에 농기계를 구입할 수 있겠죠. 만약 4곳의 농기계 판매상의 사장들이 모여서 이제부터 서로 합의된 높은 가격으로만 농기계를 판매하자고 담합한다면 주민들은 어쩔 수 없이 높은 가격을 지불해야 할 것입니다.

담합이 문제가 되는 이유는 시장 진입과 관계가 있어서입니다. 시장 진입이란 새로운 판매자가 시장에 진입하는 것을 말합니다. 위 사례의 농기계 판매상의 예는 담합이 이루어진 경우입니다. 만일 마을에 새로운 농기계 판매상이 개업하여 가격을 낮추어 판매한다면 어떻게 될까요? 담합이 쉽게 깨어질 가능성이 높을 것입니다. 반대로 농기계 판매상이 새로 개업하기 어려운 경우라면 담합은 오래 지속될 가능성이 높습니다. 당연히 농기계 판매상들은 가격을 낮추어 판매할 때보다 큰 이익을 보게 되죠. 그러니 진입이 어려운 시장일수록 담합이 나타날 가능성도 높아집니다.

과점 시장도 비슷한 상황이 생겨날 수 있습니다. 과점 시장이란 소수의 생산자나 기업이 시장을 장악하여 비슷한 상품을 생산하고 같은 시장에서 경쟁하는 형태를 말하는데요. 우리나라의 경우 이동통신, 정유, 설탕, 가전 등이 대표적인 과점 시장이라고 하겠습니다.

우리나라에서도 소수의 기업이 독식하는 과점 시장 구조에서 수

십 년 동안 담합이 발생했습니다. 정부는 이를 처벌하는 술래잡기 같은 순환이 수십 년째 지속되고 있지요. 국제 설탕 가격이 내려도, 배럴당 유가가 내려도 국내 가격의 변동이 없는 이유 중 가장 큰 이유가 바로 담합 때문이라는 사실은 비밀 아닌 비밀인 실정입니다.

담합은 분명 기업에게 이익이 되는 형태입니다. 그래서 기업들이 공공연히 담합을 꾀하는 것이고요. 문제는 담합이 기업에게만 일방적으로 이익을 줄 뿐 소비자들에게는 손해가 된다는 점입니다. 개개인에게는 얼마 되지 않는 작은 금액일지라도 기업에게는 수천억 원이 되기도 합니다. 일례로 대기업이 독점한 설탕 가격이 오르면 설탕을 주원료로 하는 모든 식자재와 제품의 가격도 덩달아 오르겠죠. 가격 상승으로 인해 소비자들이 지불하는 금액은 갈수록 상승하는 것입니다.

카르텔은 공정한 경쟁을 저해합니다. 대부분의 국가들이 법률로 금지하는 이유입니다. 그럼에도 종종 담합 행위가 적발되어 처벌받는 경우를 자주 봅니다. 우리나라 기업의 답합 행위에 대한 적발 사례는 공정거래위원회 블로그인 공정경쟁발전소(kftc.tistory.com)의 '카르텔 조사/카르텔' 카테고리에서 찾아볼 수 있습니다. 법률로 금지하고 있는데도 왜 담합이 근절되지 않을까요? 담합을 통해 얻는 이익의 크기가 적발로 인해 지불해야 되는 벌금보다 압도적으로 크기 때문입니다.

해외 선진국에서는 담합 행위가 적발될 경우 처벌이 강력합니다. 담합 행위가 적발되면 회사 대표가 형사 처벌을 받는 등 강력한 제재를 받습니다. 징벌적 손해 배상으로 인해 시장 자체를 잃을 수도 있습니다. EU는 담합 기업에 부과하는 과징금의 상한선을 해당 기업의 전 세계 매출액의 10%로 정하고 있습니다. 반면 우리나라는 국내 매출액의 10%를 상한으로 하고 있습니다. 제재의 강도가 훨씬 덜한 것이죠.

미국은 2004년 법 개정을 통해 담합 기업에 대한 벌금 기준액을 1,000만 달러에서 1억 달러로 10배 강화하였습니다. 뿐만 아니라 징벌적 손해 배상 제도를 통해 손해액의 3배까지 배상액을 청구할 수 있습니다. 조금씩 피해를 입은 소비자가 많을 경우 구제를 받을 수 있도록 하는 집단 소송제의 대상이 되기도 합니다. 담합을 하면 기업의 존립 자체가 흔들릴 정도로 강력한 규정들입니다.

정보 교환이 가격 담합에 대한 합의로 이어졌다는 인과 관계를 입증해야 가담 기업을 처벌할 수 있는 우리나라와 달리, EU의 경쟁 당국은 단순한 정보 교환이나 일방적인 정보 제공까지도 카르텔로 분류합니다. 무죄를 입증하는 책임도 기업에게 있습니다.

우리나라는 처벌의 정도가 약한 것은 물론 담합으로 얻은 이익이 과징금보다 큰 경우가 많고 감경 비율 역시 높아 솜방망이 처벌이라는 의견이 많습니다. 특히 건설 업계에서 빈번하게 발생하는, 관급

공사와 관련된 입찰 담합 비리는 처벌하고 감독해야 할 정부조차 제대로 된 대안을 내놓지 못하고 있다고 전문가들로부터 지적을 받는 실정입니다.

2015년 3월 경제정의실천시민연합의 〈2014년 적발된 입찰담합 사건 과징금 부과실태 분석〉 자료에 따르면 공공 건설과 관련된 입찰 담합 사건의 94%가 턴키turn key 입찰 방식에서 발생하였으며, 공정거래위원회가 적발한 공공 건설 입찰 담합은 총 18건으로 과징금은 8,400억 원이 부과되었습니다. 입찰 담합으로 1.8조 원의 국가예산이 낭비되었음에도 과징금이 그 절반에도 미치지 못하고, 매출액 대비로는 고작 1.6%인 8,400억 원이라는 사실은 과연 무엇을 의미할까요?

담합은 원천적으로 방지하는 것이 가장 효과적입니다. 바로 이 부분에서 우리가 가야 할 길이 아직 멀다는 사실이 안타깝습니다. 전문가들은 '담합을 하다가 적발되면 선진국처럼 한순간에 끝장날 수도 있다는 인식을 심어 주는 게 중요하다'고 주장합니다. 또한 관급공사 제도의 근본적인 문제점을 개선하는 예방 차원의 대책 마련도 필요하다고 봅니다. 이 과정을 통해 진정으로 소비자와 공급자가 상생하는 새로운 경제3.0의 문이 열릴 것입니다.

사회적 자본을 쌓아야
나라가 산다

산업화를 거치면서 대한민국은 고도성장을 이루었습니다. 6.25 전쟁이라는 상처, 부존자원 부재라는 악조건 속에서도 '한강의 기적'이라 불릴 정도로 성장한 배경에는 우리 할아버지, 아버지 세대들의 피땀 어린 노력이 있습니다. 덕분에 이제 우리는 1인당 국민소득 3만 달러 시대의 문턱까지 와 있습니다. 경제적으로 한국처럼 빠르게 성장한 국가가 없었습니다. 대단한 경제적 성과를 이뤄 낸 우리 국민이 자랑스럽습니다.

경제적 성장만큼 우리의 사회적인 가치, 의식 수준도 함께 높아졌는지에 대해서는 아쉬움이 남는 것이 사실입니다. 작금의 대한민국은 굳이 남북을 이야기하지 않아도 갈등과 반목의 요소들이 너무나 많습니다. 이념 논쟁, 세대 간 갈등, 대기업과 중소기업의 갑을 관계 등등 일일이 열거하기에도 벅찰 정도로 다양한 불신과 불평등이 우리를 짓누르고 있습니다. 여기에 고위층의 각종 비리 의혹, 대기업 오너의 갑질 논란, 학문의 전당에서 학생들을 가르치는 교수들까지 자신의 잇속을 차리고자 서슴없이 거짓을 말하는 상황에서 진정으로 우리에게 필요한 가치는 무엇인지를 생각하고 논의해 보아야 할 시점이라고 할 수 있습니다.

미국의 35대 대통령이었던 존 F. 케네디는 취임 연설에서 "much is given, much is required(많은 것을 받은 사람은 많은 의무가 요구된다)"라는 문장을 통해 사회적 신분에 걸맞은 도덕성을 갖추어야 한다는 점을 강조했죠. 고대 로마 시대의 귀족들도 '고귀하게 태어난 사람은 고귀하게 행동해야 한다'는 것을 몸소 실천하고 자긍심을 가졌다고 합니다. 현대 자본주의 사회에서 꼭 필요한 참된 가치가 아닐까 하는 생각이 드는군요.

영국의 레가툼연구소가 전 세계 149개국을 대상으로 '2016 레가툼 세계번영지수 Legatum Prosperity Index'를 발표했는데요. 한국은 지난해보다 7계단 떨어진 35위를 기록했습니다. 1위는 뉴질랜드였지요. 교육 15위, 보건 12위, 안전·안보 19위, 자연환경 13위 등만 10위권에 올랐을 뿐 나머지 부문에서는 최상위 순위를 기록했습니다.

우리나라는 경제 29위, 교육 17위, 보건 19위, 안전·안보 29위 등에서 종합 순위보다 높은 순위를 받았습니다. 기업가 정신·기회 36위, 국가 경영 41위 등에선 종합 순위와 비슷한 수준이었습니다. 개인의 자유는 73위였고요. 개인 간 친밀도와 사회적 네트워크 지원, 사회 규범, 지역 사회에서의 시민 참여 등을 포괄하는 사회적 자본 social capital은 105위, 자연환경은 91위를 기록했습니다.

스위스의 국제경영개발원이 발표한 '2016년 국가경쟁력지수'에 나타난 한국의 사회적 결속 점수는 최근 4년 사이 8.04에서 4.17로 절반 수준으로 떨어졌습니다. 국가경쟁력지수는 의미가 매우 크다고 하겠습니다. 미국의 명문 대학인 스탠퍼드대학의 후쿠야마 교수는 선진국이 되기 위한 가장 핵심적인 요소로 '사회적 자본'을 주장한 바 있습니다.

사회적 자본이란 사회의 공동 목표를 효율적으로 달성하기 위한 상호 간의 신뢰와 협력, 소통의 네트워크 등을 말하는데요. 경쟁과 협력을 함께 추구하는 가치 체계라고 할 수 있습니다. 경쟁과 협력이 필요한 시점에서 우리 사회는 경쟁과 협력이 아닌 불신과 불통, 반목과 갈등의 연속입니다. 필자도 지금 우리 사회가 분열과 반목, 갈등, 불신과 불통을 넘어 선진국으로 가기 위해 제일 필요한 것이야말로 사회적 자본이라고 생각합니다.

사회적 자본이 의미하는 것은 무엇일까요? 사회적 자본은 인적 자본, 물적 자본 등과 같은 종전의 전통적 자본과는 완전히 구분되는, 조직의 효율적 가치를 극대화시키는 무형의 자본, 구성원들 간의 관계에 내재된 자본을 말합니다. 사회적 자본은 개인 간, 조직 간의 상호 작용 네트워크를 통해 형성된 규범으로, 관계 중심의 경제적 그물망으로 볼 수도 있습니다. 따라서 사회적 자본은 조직 내부에서 형성되고 구축되며, 조직의 목표 달성을 위한 상호 협력과 지원으로 지속적으로 가치를 창출하는 동력이 되는 것입니다[*].

제임스 콜먼James Coleman은 사회적 자본을 '특정 목표 성취를 위한 구성원 간의 사회적 관계와 구조 안에서 활용이 가능한 자산으로, 구성원들 사이의 신뢰에 의하여 결정되는 호혜적인 관계와 정보의 습득을 용이하게 하는 사회적 관계, 공공재의 문제를 해결할 수 있게 하는 제재와 규범이 존재한다[**]'라고 설명하였습니다.

로버트 푸트남Robert Putnam은 '협력 행동을 촉진함으로써 사회의 효율을 개선시켜 주는 신뢰, 네트워크, 규범과 같은 조직 요소[***]'로 정의하면서 경제 주체들 간의 협력 행동을 유발시켜 생산성 효과와 경

---

[*]   Nahapiet, J., & Ghoshal, S.(1998), Social capital, intellectual capital and the organizational advantage, Academy of Management Review, 23(2), 242-266.
[**]   Coleman, J.(1988), Social capital in the creation of human capital, The American Journal of Sociology, 94 pp.95-120.
[***] Putnam, R. D.(1993), The prosperous community: Social capital and public life, American Prospect, 13, 35-42.

제 성장에 기여하는 것이 사회적 자본이라고 하였습니다.

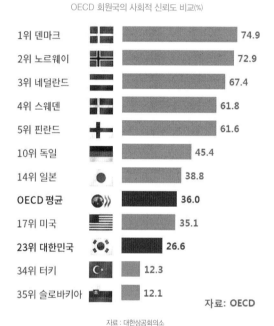

OECD 회원국의 사회적 신뢰도 비교(%)

1위	덴마크	74.9
2위	노르웨이	72.9
3위	네덜란드	67.4
4위	스웨덴	61.8
5위	핀란드	61.6
10위	독일	45.4
14위	일본	38.8
OECD 평균		36.0
17위	미국	35.1
23위	대한민국	26.6
34위	터키	12.3
35위	슬로바키아	12.1

자료: OECD

자료 : 대한상공회의소

우리나라의 사회적 자본의 수준은 어느 정도일까요? 먼저 OECD 국가들과 비교해 볼 필요가 있습니다. 대한상공회의소의 〈한국의 사회적 자본 축적실태와 대응과제 연구〉는 사회적 자본을 구성하는 신뢰, 규범, 네트워크 등이 다른 OECD 회원국과 비교하여 상당히 낮은 수준으로 평가하고 있습니다. 그러면서도 사회적 자본은 대한민국의 경제 성장을 위한 지렛대로 작용할 수 있는 요인이라 보며 그 역할을 강조하고 있습니다.

대한민국의 사회규범지수는 100점 만점에 86.6점(17위)으로 조사 대상의 평균(88.2점)에 미달하는 수준이었습니다. 일본이 93.8점으로 가장 높았고 스위스 92.6점, 네덜란드 92.2점, 이탈리아 92.0점, 캐나다 91.4점 등의 순서로 나타났습니다.

OECD가 평가한 한국의 사회 네트워크 수준도 회원국 중 최하위권이었습니다. '필요할 때 의지할 수 있는 사람이 있는가'라는 질문에 우리나라 국민의 77.5%가 '그렇다'고 답해 35개 국가 중 34위에 그쳤습니다. 이스라엘은 97.3%로 1위였고 다음으로 아일랜드 96.7%, 덴마크 95.8%, 영국 95.2%, 스위스 95.0% 등의 순서였습니다.

위에서 제시한 여러 기관의 평가들은 모두 우리나라의 신뢰, 규범, 네트워크 등 사회적 자본의 현주소가 어딘지를 잘 보여 줍니다. 대한상공회의소의 분석에 따르면 '신뢰'의 자본을 북유럽 수준만 쌓아도 4%대 경제 성장이 가능하다고 합니다. 사회적 네트워크 수준이 높아질수록 기업들이 더 많은 지식을 축적할 수 있습니다. 이는 다시 공동체 의식과 그 가치에 대한 인식 제고, 소외 계층의 고용창출 제고, 소득 증가, 재정 확충 등 다양한 형태로 지역 사회의 발전에 이바지하게 된답니다.

사회적 자본의 축적을 위해서는 의사소통이 전제되어야만 합니다. 아쉽게도 현재 우리는 다양한 이해가 서로 충돌하고 있는 실정입니다. 이런 때일수록 기업들은 국민이 납득할 수준의 규범과 책임경영을 실천하고 사회적 책임과 신뢰를 회복하는 노력을 기울여야합니다. 국민들의 사회적 동의와 신뢰 없이는 어떠한 기업도 지속가능한 성장을 할 수 없습니다. 갈수록 치열한 경쟁, 만연한 부정부패로 국민 10명 중 7명이 해외로 떠나려는 이른바 탈조선 상황에서안타까운 현실을 바꿀 가장 확실한 해결책은 사회적 자본을 구축하고 축적하는 것이라고 하겠습니다.

근시안적인 의사 결정은 위험하다
- 한진해운 파산에서 배워야……

근시안적 의사 결정이란 장기적인 관점에서 이익이 되는 선택(혹은 더 큰 손실을 회피하기 위한 선택)을 하기보다 단기적인 이익(혹은 손실 회피)에 초점을 맞춤으로써 결과적으로 더 큰 이익을 창출할 기회를 놓치거나 더 큰 손실을 초래하는 선택을 말합니다. 사람들은 모두 더 큰 이익, 더 작은 손실을 추구하죠. 그럼에도 근시안적 의사 결정에서 자유로울 수 없는데요. 왜 이런 현상이 발생할까요?

바로 불확실성 때문입니다. 미래에 어떤 일이 발생할지 누구도 알 수 없는 상황에서 당장의 이익을 포기하거나 손실 회피를 시도하지 않을 사람이 과연 얼마나 될까요? 근시안적 의사 결정을 하는 개인이나 기업, 국가는 엄청난 손실을 감수해야 할 것이라고 경제학자들과 경영학자들이 수없이 경고해 오고 있습니다. 그래도 여전히 덫에 빠져 있다는 사실은 근시안적 의사 결정 자체가 그 과정에서 가장 해결하기 어려운 과제인 불확실성과 맞닿아 있다는 의미입니다. 다시 말해 근시안적 의사 결정에서 벗어나기 위해서는 상당한 노력이 필요하다는 뜻이죠.

국내 1위 국적 해운 선사였던 한진해운이 파산하고 끝내 역사의 뒤안길로 사라져 가는 과정은 근시안적 의사 결정이 얼마나 위험한지를 아주 통렬하게 보여 주는 사례입니다. 한진해운은 2016년 9월 법정 관리에 들어가면서 절치부심 재도약을 꿈꿨습니다. 안타깝게도 시장 상황이나 정부의 정책적 판단은 한진해운을 외면하고 말았습니다. 글로벌 해운 시장의 지속적인 침체에 더해 정부의 지원 중단까지 결정된 상태에서 어찌해 볼 도리가 없었던 것이죠. 결국 한진해운은 2017년 2월 17일 서울중앙지법이 한진해운 법인에 파산 선고를 함으로써 역사의 뒤안길로 사라지는 운명을 받아들여야만 했습니다.

한진해운이 어떤 회사였습니까? 국내 1위이자 글로벌 7위의 위용을 자랑하던 선사, 한때 20조 원을 넘나들던 운임 매출액을 기록한 선사, 2012년 다우존스가 지속가능지수 운송업 부문 최우수 기업으로 인증한 선사, 2013년 글로벌 주택용품 업체인 로우Lowe's가

인정한 최우수 선사가 한진해운이었습니다. 그랬던 한진해운이 파산했으니 적어도 정부는 국내 경제에 미치는 후폭풍이 상당히 우려스러운 수준이 되리라는 점을 예측했어야 합니다. 실제로 한국해양수산개발원에 따르면 한진해운의 청산에 따라 약 10만 개 이상의 일자리가 사라졌다고 합니다. 보다 중요한 문제는 해운업은 후방 연쇄 효과가 매우 크다는 점입니다. 조선 산업과 금융, 항만 등에 미치는 파급 효과가 엄청나기 때문입니다.

이 지점에서 우리는 두 가지 의문을 갖게 됩니다. 첫 번째 의문은 '우리 경제와 수출 기업들에 어떤 후폭풍이 불어닥칠지 뻔히 알면서도 정부는 한진해운이 파산하도록 수수방관한 것일까?'이고, 두 번째 의문은 '억지로 공적 자금을 투입해 생존 능력이 떨어지는 기업을 살려 내기보다 시장 논리에 맡기는 편이 국가 경제에 도움이 될 것이라고 판단했을까?'라는 것입니다. 과연 정부는 어떤 예측에 기초해 한진해운이 파산하도록 내버려 두었을까요?

아마도 후자였던 것으로 보입니다. 시장 논리에 따를 것이라 과거와 같은 퍼주기식 대기업 지원은 하지 않겠다는 의지를 처음부터 읽을 수 있었습니다.

"필요한 부족 자금은 자체 해결해야 한다."

– 2016년 8월 10일 임종룡 금융위원장

한진해운 운항 차질 관련
"원칙적으로 선주와 화주 간 민사상 문제."
"정부가 지급 보증을 하거나 재정으로 지원할 법적 근거가 없어 전혀 검토하고 있지 않다."
"하역 문제는 한진해운이 보유한 우량 자산을 담보로 한다든지 하는 방식으로 책임지는 것이 원칙."

– 2016년 9월 5일 최상목 기획재정부 1차관,
(정부 세종청사 기자 간담회 중 발언)

"담보 없이 한진해운에 자금을 지원하는 일은 없을 것이다."

– 2016년 9월 7일 유일호 부총리 겸 기획재정부 장관

"기업이 회생 절차에 적극 나서지 않으면서 정부가 모든 걸 해결해 줄 것이라는 식의 운영 방식은 묵인하지 않을 것."

– 2016년 9월 13일 국무회의 박근혜 대통령 발언

게다가 원칙적인 측면에서 보면 정부의 한진해운에 대한 초기 대응 방식이 100퍼센트 잘못되었다고 보기 어려운 면도 분명 있습니다. 제아무리 대기업이고 국민 경제에 미치는 영향이 크다 할지라도, 초기 화물 운항 차질과 관련한 대응에 있어서는 원칙적으로 선주와 화주 간의 문제인 것이 맞습니다. 따라서 정부가 나서서 지급 보증을 하거나 재정적 지원을 하기란 무리라고 판단한 점이나, 자금

지원과 관련해 담보를 제공할 경우 채권단이 장기 저리 대출을 검토해 볼 것을 강조한 점은 분명 원칙에서 동떨어진 대응은 아니었으니까요.

그러나 이 부분에서 근시안적인 접근이 있었던 것이죠. 원칙이라는 눈에 보이는 사항에 얽매여서 이후 발생할 경제적 후폭풍을 면밀히 검토하지 못했던 것입니다. 일례로 한진해운의 파산 과정에서 해운 시장 점유율이 충격적인 수준으로 떨어집니다. 2015년 말 기준 대한민국 국적을 가진 해운 선사의 미주 해운 시장 점유율은 12%였습니다. 불과 1년 후인 2016년 말 기준 대한민국 국적을 가진 해운 선사의 미주 해운 시장 점유율은 반 토막 넘게 줄어든 4.7%에 그친 것으로 나타났습니다. 한진해운의 위기가 미주 해운 시장 점유율을 반 토막 나게 만든 원인이었던 셈이죠.

한국무역협회는 한진해운 파산과 관련하여 2016년 수출 실적 100만 달러 이상인 화주 업체 332개 사를 대상으로 〈한진해운 파산에 따른 수출 물류환경 변화〉를 조사했습니다. 조사에 따르면 2016년 9월 한진해운의 법정 관리 이후 '수출 지역 해상 운임이 상승했다'고 응답한 업체가 217개 사(65.4%)에 달하는 것으로 나타났습니다. 국적 선사의 이용률이 감소한 반면 외국적 선사의 이용은 꾸준히 증가하는 상황도 포착되었습니다. 한편 수출 업체들의 국적 선사 이용률 감소 원인으로는 '선복 부족 38.0%', '선박 스케줄 축소

25.1%', '비싼 운임 21.2%' 등이 꼽혔습니다.

한진해운 파산의 여파는 이제부터 본격적으로 우리 경제에 부정적인 영향을 끼칠 것입니다. 해상 운임 상승, 선복 부족 등에 따른 우려가 더욱 확대될 것으로 예상되기 때문이죠.

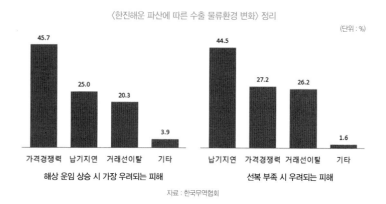

〈한진해운 파산에 따른 수출 물류환경 변화〉 정리

(단위 : %)

해상 운임 상승 시 가장 우려되는 피해				선복 부족 시 우려되는 피해			
가격경쟁력	납기지연	거래선이탈	기타	납기지연	가격경쟁력	거래선이탈	기타
45.7	25.0	20.3	3.9	44.5	27.2	26.2	1.6

자료 : 한국무역협회

원칙론에 과도하게 집착하다 보니 원칙 너머에 있는 더 큰 것을 보지 못하는 우를 범한 정부의 한진해운 대처 방식을 가리켜 우리는 근시안적 의사 결정이었다고 말할 수 있을 것입니다. 물론 직접적인 책임 당사자인 한진해운도 근시안적 의사 결정으로 파산의 길로 접어들었음을 간과해서는 안 됩니다. 2011년~2013년에 걸쳐 3년 연속 적자가 났을 때 선제적으로 구조 조정을 했어야 하는데, 뒷짐을 지고 있다 파산이라는 최악의 상황을 맞았던 것입니다. 이 역시 근본적인 구조 조정은 뒷전인 채 당장의 위기만 극복하면 된다는 경영진의 안이한 생각이 불러온 끔찍한 결과였다고 하겠습니다.

한남더힐의 분양가를
두려워해야 하는 이유
- 기준점 효과

한남더힐의 분양 가격이 화제가 된 적이 있습니다. 깜짝 놀랄 만한 분양 가격 때문이었습니다. 한남더힐은 어떤 곳일까요? 도대체 어떤 곳이기에 논란의 중심에 섰을까요? 한남더힐은 서울특별시 용산구 한남동 구 단국대학교 부지에 전용 면적 57~244㎡, 지상 3~12층 32개 동, 총 600가구 규모로 들어선 아파트 단지입니다.

당초 한남더힐은 일반 분양을 목표로 사업이 진행되었습니다. 그러다 분양가 상한제 여파로 입지 프리미엄이 붙은 가격으로 분양이 불가능하게 되자 사업 주체가 차선책을 선택합니다. 저렴한 가격으로 분양하지 않고 민간 임대 주택으로 사업 승인을 받아 입주자를 모집한 것이죠.

임차인을 모집할 당시에도 엄청난 임대료 수준으로 세간의 주목을 받았습니다. 소형 아파트(전용 면적 59㎡)의 임대 가격이 보증금 5억 2천만 원에 월세 65만 원 수준이었죠. 그럼에도 한남더힐의 임대 분양은 큰 문제 없이 진행되면서 세상의 관심에서 살짝 비켜났습니다. 그저 유명 정재계 인사들이 거주한다는 소식 정도만 들리곤 했습니다.

한남더힐

자료 : 국토교통부

(단위 : 만원/3.3㎡)

타입 구분	세입자 측 평가액	시행사 측 평가액	격차율	한국감정원 적정 가격 수준
87㎡ (26py) (133세대)	2,449	3,743	153%	3,000~3,500
215㎡ (65py) (36세대)	2,656	5,249	198%	3,800~4,400
246㎡ (74py) (131세대)	2,889	5,760	199%	4,000~4,600
268㎡ (81py) (3세대)	2,569	5,926	231%	4,000~4,600
284㎡ (85py) (204세대)	2,845	6,114	215%	4,100~4,800
303㎡ (91py) (57세대)	2,779	7,290	262%	4,200~5,000
332㎡ (100py) (36세대)	2,904	7,944	274%	4,600~6,000

* 세입자 측 : 나라 · 제일법인/378세대, 시행사 측 : 미래새한 · 대한법인/600세대
* 한국감정원 : 2014.1~2014.6 기준

자료 : 국토교통부

　　2013년 7월 한남더힐이 또다시 세상의 주목을 받습니다. 1차 분양 전환 시점이 도래했기 때문이었죠. 시작부터 양측이 원하는 분양 전환 가격은 큰 차이를 보입니다. 시행사가 정한 분양 전환 가격은 3.3㎡를 기준으로 3,743~7,944만 원 수준이었지만, 임차인 측이 제시한 분양 전환 가격은 3.3㎡당 2,449~2,904만 원 안팎 수준이었죠. 이처럼 큰 격차가 발생하는 상황에서 애초부터 원만하게 절충점을 찾기란 불가능했습니다. 결국 소송전까지 벌인 끝에 시행사와 임차

인 측이 제시한 감정 평가서에 대한 타당성 검토를 한국감정원이 하는데요. 임차인 측의 감정 평가액은 너무 낮게, 시행사 측의 감정 평가액은 너무 높게 평가된 것으로 결론이 났습니다.

2016년 6월 다시 한 번 한남더힐은 언론의 주목을 받습니다. 2차 분양 시점이 도래했기 때문이죠. 2차 분양 전환 시점에서 시행사인 한스자람이 책정한 분양 전환 가격은 3.3㎡당 5,100~8,150만 원이었습니다. 한남더힐의 실거래가와 더불어 강남 재건축 아파트의 시세를 기초로 산정한 분양 가격이었죠. 과연 임차인들은 어떻게 반응했을까요? 당연히 국토교통부에 다시 한 번 감정 평가에 대한 타당성 조사를 요청하는 등 법적 대응에 나섰습니다.

사실 부동산은 동일 브랜드, 동일 면적, 동일 품질이라 할지라도 어느 곳에 입지하고 있느냐, 지역적으로 동류의 부동산이 얼마나 존재하느냐(희소가치)에 따라 큰 가격 차이를 보입니다. 고분양가 논란 속에서도 강남 등 특정 지역을 중심으로 지속적으로 고가 아파트들이 분양에 나서는 이유도 여기에서 찾을 수 있죠.

가성비 뛰어난 아파트에 대한 수요가 있듯이 고가 아파트를 구하는 수요도 확실히 존재하는 것이 오늘날 대한민국 부동산 시장입니다. 수요가 있는데 공급이 없다면 자본주의 논리에 맞지 않습니다. 다만 한남더힐과 같은 고분양가 아파트가 공급될수록 우리 자신도 모르는 사이에 분양 가격의 기준점이 자꾸 높아지는 문제는 반드시 짚고 넘어가야 할 것입니다.

서울시가 민영 아파트의 분양 가격을 통제하던 시절 $3.3m^2$당 분양 가격의 상한선은 각각 1977년 55만 원, 1978년 68만 원, 1979년 78만 원, 1980년 90만 원, 1981년 105만 원이었습니다. 1981년 분양 가격(단, 자재비에 부과하는 부가가치세를 감안할 경우 113만 원으로 추정)이 연평균 10% 복리로 상승했다고 가정한 후 2017년 분양 가격을 계산하면 3,493만 원이 됩니다.

물론 아파트 분양 가격을 단순하게 과거 분양 가격에 일정 비율의 분양 가격 상승률을 적용해 계산할 수는 없습니다. 하지만 매년 10%씩 상승했다고 가정해도 3,493만 원 수준이라는 점은 시사하는 바가 적지 않습니다. 한남더힐처럼 주변의 재건축 아파트 시세를 고려해 분양 가격을 책정하는 것이 고분양가 산정의 근거가 되는 실정이라면 더더욱 그렇습니다. 분양 가격의 기준점은 인근에 존재하는 고가 아파트들이 아니라 그 자체의 내재 가치가 되어야 하기 때문입니다.

'A라는 아파트가 $3.3m^2$당 7천만 원에 분양되었으니, $3.3m^2$당 3천만 원에 분양하는 이 아파트의 분양 가격은 착하다'와 같은 접근을 하면 안 됩니다. 주택 수요자들은 고분양가를 따지는 기준점을 낮추는 형태로 좀 더 냉정하게 접근할 필요가 있습니다.

TALK
#034

―――

저유가, 원인을 진단하다

인류 역사에서 석유의 상업적 가치를 인정받은 시점은 아마도 자동차가 등장한 때부터일 것입니다. 실제로 운송 수단의 발전, 자동차의 대중화가 이루어지면서 석유 소비는 폭발적으로 증가합니다.

석유가 생산되지 않는 우리나라는 석유수출국기구OPEC의 원유 생산량 감축과 증산에 촉각을 곤두세워야 하는 입장입니다. 석유를 대체할 자원을 확보하지 못하는 한 사정이 크게 변하지는 않을 듯합니다.

우리는 이미 석유 가격 급등으로 호되게 고생한 경험을 갖고 있습니다. 1970년대 석유 파동 당시 원유 가격이 배럴당 3.07달러에서 11.65달러(1974년 1월 말)로 4개월 동안 무려 280%가 상승하는 곤란한 상황을 경험했죠. 지금의 석유 가격과 비교한다면 별거 아니라고 생각하기 쉽지만, 당시로는 엄청난 가격 급등이었습니다. 오죽했으면 파동으로 불렸겠습니까.

이후에도 유가는 들쭉날쭉한 가격 흐름을 겪다가 2014년 6월까지 배럴당 100~110달러 수준에서 안정된 모습을 보였습니다. 2014년 하반기부터 하락 반전하더니 100달러, 70달러, 50달러, 30달러대까지 떨어졌죠. 지난해 11월 30일 OPEC의 감산 합의 이후부터는 50달러 초중반대에 머물러 있습니다. 그렇다면 저유가가 지속되었던 원인은 무엇일까요? 저유가가 지속된다면 우리에게는 어떠한 영향을 미칠까요?

유가가 낮아지는 이유는 매우 간단합니다. 원유의 생산량이 소비량에 비해 많아서입니다. 역으로 국제 유가가 상승하면 공급량에 비해 수요량이 많기 때문이죠. 그래서 원유 생산량 감산이 산유국들 사이에서 주요 이슈가 되고 있으나, 현실적으로 서로의 이해관계가 상충하여 공급량을 줄이는 합의가 쉽게 이루어지기는 어려운 실정입니다.

지금부터는 석유 가격이 하락한 원인들을 좀 더 구체적으로 살펴보겠습니다. 과연 무엇이 석유 가격을 하락하도록 했을까요?

먼저 수요와 공급의 불균형입니다. OPEC의 석유 생산량 증가로 수요보다 공급이 많은 초과 공급 현상이 발생했죠. 2015년 원유 생산량 조정을 통해 고유가를 유지해 온 OPEC의 회원국인 사우디가 감산에 반대하고 다른 산유국들도 감산에 회의적이면서 전체적인 유가는 더욱 낮아졌습니다.

세계 원유 수급 동향

(단위 : 백만 배럴/일)

구분	2015				2016				2017
	1/4	2/4	3/4	4/4	1/4	2/4	3/4	4/4	1/4
원유 공급(A)	94.72	95.46	96.44	96.49	95.52	95.50	96.31	97.21	97.44
OPEC	37.59	38.30	38.76	38.56	38.38	39.07	39.68	40.02	39.70
NON-OPEC	57.13	57.16	57.68	57.93	57.14	56.43	56.63	57.19	57.74
원유 수요(B)	93.34	93.46	95.19	94.26	94.18	95.29	96.16	96.06	96.99
OECD	46.63	45.64	46.92	46.46	46.72	45.97	46.64	47.13	45.99
NON-OECD	46.71	47.82	48.27	47.80	47.46	49.32	49.52	48.93	51.00
초과 공급(A-B)	1.38	2.00	1.25	2.23	1.34	0.21	0.15	1.15	0.45

자료 : 국제에너지기구IEA 석유시장보고서OMR, 한국석유공사 석유정보망Petronet
KOTRA & KOTRA 해외시장뉴스 재인용.

특히 2016년 1월 16일 미국과 EU는 국제원자력기구IAEA가 '이란 핵 협상 이행 조건'을 점검한 결과를 받아들여 '포괄적 이란 제재법'에 의해 지속되어 온 경제 제재를 해제합니다. 이란에 가해졌던 경제 제재가 풀리면서 이란의 원유가 국제 시장에 출현하게 되었습니다. 당연히 이란은 생산량 감산에 동의할 수 없었습니다. 석유 공급 증가세가 지속된 또 다른 원인이었죠.

2016년 1월 미국 에너지정보국EIA의 〈단기 에너지 전망Short-Term Energy Outlook 〉에 따르면 세계적으로 석유 수요량은 줄고 있으나 생산량은 증가세에 있다고 합니다.

OPEC 산유국들 간의 경쟁 심화도 저유가의 원인입니다. OPEC 내 국가 간 이해관계가 상충되는 부분이 많아지면서 경쟁이 심화되었는데요. 재정 부담과 의존도에 따라 OPEC 내 산유국끼리도 다양하게 이해관계가 충돌하는 실정입니다. 대표적으로 사우디를 비롯한 아랍에미리트, 쿠웨이트 등은 정치적 안정을 바탕으로 석유 생산을 확대하였으며 재정적으로도 안정적인 성장을 했습니다. 반면 정치적, 경제적인 어려움과 내전으로 석유 생산과 수출이 어려웠던 이란, 이라크, 리비아 등은 재정 수입 확보가 절실하였기에 유가의 높고 낮음과 관계없이 증산을 해야 하는 상황입니다. 이들 국가들을 중심으로 유전 개발, 송유관 건설 등 석유 생산과 관련된 인프라 투자가 빠르게 확대되는 상황입니다.

세 번째로 셰일 오일 등 비전통 원유의 생산 증가를 막기 위한 OPEC의 치킨 게임Chicken Game 역시 저유가의 원인입니다. 치킨 게임이란 경제학 이론의 하나로, 기업들 중 일부가 타 기업이 파산(포기)할 때까지 생산 확대와 가격 인하를 지속하는 방침을 말합니다. 제품 가격 하락으로 모든 기업들의 수익성이 감소하지만, 이후 살아

남은 기업들이 과점 체제를 유지하면서 고가격·고수익을 유지하는 것이 목적입니다.

유가가 배럴당 100달러 이상으로 상승하자 미국은 셰일 에너지로 석유를 대체하기 시작합니다. 셰일 에너지는 원유 가격이 적어도 50달러 이상은 되어야만 손익 분기점을 맞출 수 있습니다. OPEC 산유국들은 원유 생산량을 늘려 미국의 셰일 생산 기업들을 석유 시장에서 퇴출하려고 했고, 이것이 저유가의 또 다른 이유가 된 것입니다.

중국 경기의 둔화도 원유 가격이 하락한 원인으로 작용하였습니다. 최근 중국 경기가 둔화되는 모습을 보이는데요. 중국의 경제 성장률이 2015년 6.9%, 2016년 6.7%로 2년 연속 6% 성장에 그쳤습니다. 7%대를 지킨다는 '바오치保七' 시대가 끝나고 '바오류保六', 즉 6% 성장 시대가 열린 것입니다.

이처럼 저유가는 글로벌 경제 변수에 따라, 산유국들의 경제적 목적에 따라 좌우됩니다. 최근의 저유가 기조는 주로 전 세계적인 원유 수요 감소에 따른 결과라고 진단할 수 있습니다.

(2016년 11월 30일 OPEC는 8년 만에 감산에 합의합니다. 산유량 감산으로 공급 과잉을 억제하는 데 도움이 되리라 기대하고 있으나, 배럴당 60달러 이상으로 유가가 오른다면 셰일 오일 생산을 다시 촉진할 수 있습니다. 위의 내용은 2016년 11월 30일 OPEC의 감산 합의 이전의 상황입니다.)

저유가의 경제 파급 효과와
유가 전망

2016년 중국의 경제 성장률이 7%를 밑돌았으나 세계 경제는 점
진적인 회복세를 보인 바 있습니다. 그럼에도 여전히 유로존 경제
위기의 재확산 가능성, 영국의 브렉시트, 신흥국의 성장률 약화 등
경제 불안 요인이 상존하는 상태입니다.

수출 주도 경제라는 특징을 갖고 있는 우리 경제에 유가 하락은
어떤 영향을 미칠까요? 올해 유가 자체는 등락을 거듭하면서 완만
하게 상승할 것으로 예상됩니다. 지난해 있었던 OPEC의 감산 합의
에 더해 중국의 완만한 경제 성장이 예상되기 때문입니다. 2016년
글로벌 석유 회사 BP*의 추정에 따르면, 대한민국은 세계에서 아홉

번째로 큰 에너지 소비 시장입니다. 큰 틀에서 저유가는 분명 한국 경제에 긍정적인 효과를 줄 가능성이 있습니다.

우선 저유가는 경기 개선 효과가 있습니다. 유가 하락은 생산 원가의 절감, 물가 하락, 가계의 실질 구매력 증대로 연결됩니다. 전 세계적으로 유가가 배럴당 20달러 하락하면 2~3년 내에 세계 GDP 성장률이 0.4% 높아지는 효과가 있다고 합니다[**]. 현대경제연구원은 유가가 10% 하락하면 국내 GDP 및 투자에 긍정적인 영향을 미쳐 약 0.27% 증가하고 소비는 0.68% 증가한다는 분석을 내놓기도 했죠[***]. 우리나라는 원유에 대한 의존도가 높습니다. 따라서 유가 하락이 수입 감소, 실질 구매력의 증가를 견인할 것으로 예상된다는 점에서 긍정적 요인이라 하겠습니다.

기업 입장에서도 유가 하락은 긍정적 요소가 상당합니다. 생산비 감소와 이에 기초한 관련 재화와 서비스의 가격 하락이 가능해 내수 확대를 기대할 수 있기 때문입니다.

그렇다고 저유가 현상을 마냥 반가워할 수만은 없습니다. 왜 그럴까요? 이유를 알기 위해서는 우선 저유가의 특성을 살펴보아야 합

---

[*]   BP, Statistical Review of World Energy, 2016.
[**]   POSRI 보고서, 유가 급락, 그 원인과 파급 영향은?, 2015. 1. 재인용.
[***]   VIP리포트, 최근 유가 급락의 한국 경제 파급 영향, 현대경제연구원, 2016. 1.

니다. 유가 하락은 기본적으로 수요 부족에서 발생합니다. 다시 말해 최근의 유가 하락은 원유에 대한 글로벌 수요가 감소한 데서 촉발되었다는 뜻입니다. 글로벌 수요 부진과 유가 하락이 함께 장기화되면 디플레이션 현상이 발생합니다. 소비와 투자 위축으로 내수가 더욱 부진에 빠져 우려스러운 상황이 되는 것이죠.

한편 유가 하락은 우리나라의 대산유국 수출에도 부정적인 영향을 줍니다. IMF는 사우디아라비아, 아랍에미리트, 쿠웨이트, 카타르, 오만, 바레인으로 구성된 걸프협력회의GCC 회원국의 2016년도 재정 적자가 GDP의 12.8%인 1,600억 불에 이를 것으로 추정했습니다. 2017~2019년에 걸쳐 바레인, 쿠웨이트, 오만, 사우디아라비아는 평균적으로 10%, 아랍에미리트와 카타르는 평균 4%의 재정 적자를 예측했습니다.

재정 수입의 70% 이상을 석유 수출에 의존하는 사우디아라비아는 재정 적자 개선을 위해 연료, 전력, 상하수도 등에 대한 보조금을 감액하는 한편 정부 사업 등 다각도의 대책을 내놓고 있는 실정입니다. 걸프협력회의 회원국들은 보조금 감축, 세제 개혁, 국채 발행 등 저유가로 인한 재정 적자를 줄이기 위해 부심하고 있죠. OPEC 국가를 포함한 산유국들의 구매력 약화로 대산유국 수출 부진이 장기화될 우려가 결코 기우가 아닌 상황이죠.

그럼 2017년 유가는 어떻게 될까요? 비록 지난해 OPEC가 감산 합의를 했다고는 해도 과거 사례에서 보듯 제대로 감산 합의를 준수할지 불분명합니다. 미국과 캐나다 등 비OPEC 산유국들이 오히려 원유 생산량을 늘려 공급 과잉 해소가 어려울 가능성도 매우 높습니다. 당장 이란, 리비아, 나이지리아가 생산량을 늘릴 것으로 보여 OPEC의 감산 목표를 달성하기 힘들 것으로 예상됩니다. 원유의 공급 과잉 상태가 지속될 것으로 예상되는 2017년 국제 유가(두바이유 기준)는 연평균 배럴당 약 50달러 수준이 유지될 것이라는 전망이 우세하죠.

주요 기관의 원유가 전망

(단위 : $/b)

전망 기관	기준 유종	2015년	2016년			2017년	전월 대비 증감 2017년 전망치
			3/4	4/4	연간		
EIA(12월)	브렌트	52.32	45.80	48.11	43.46	51.66	+0.75
	WTI	48.67	44.85	48.18	43.07	50.66	
IHS Energy(12월)	브렌트	52.49	45.78	49.04	43.54	54.33	+2.33
	WTI	48.71	44.88	49.35	43.20	53.17	
EIU(12월)	브렌트	52.37	45.80	50.30	44.50	56.50	0.00
	WTI	48.71	44.88	49.11	43.18	55.32	+0.24

자료 : 세계 에너지시장 인사이트 제16-46호, 2016. 12. 26.

미국의 트럼프 대통령은 에너지 자립을 위해 에너지 산업에 대한 규제 철폐와 생산 확대를 경제 정책의 기본 방향으로 설정했으며, 중단되었던 키스톤 송유관 건설도 재개될 것이라는 관측이 나오는 상황이기도 합니다. 결국 셰일 오일의 생산 단가를 낮추는 데 크게 기여할 것이 분명한데요. 이렇게 되면 어떤 현상이 나타날까요? '셰일 오일 생산량 증가=OPEC의 감산 효과 상쇄'라는 공식이 성립할 가능성이 높지 않을까요?

위 자료는 주요 기관들의 원유 가격 전망을 보여 주는데요. 참고해 보시면서 과연 올해 세계 경제 유가가 과연 어느 정도 수준에서 형성될지, 대한민국 경제에 얼마나 영향을 미칠지를 꼼꼼하게 점검해 보는 것도 경제 공부에 큰 도움이 되지 않을까 생각합니다.

수출 주도 경제의 비애를
아시나요?

자원이 부족하고 가진 것이 많지 않은 우리나라가 급속한 경제 발전을 이룬 배경에는 수출에 집중한 경제 구조가 자리 잡고 있습니다. 그래선지 우리나라의 경제 성장을 이야기하다 보면 수출로 성장한 나라, 수출로 먹고사는 나라 같은 표현을 자주 접하곤 합니다. 실제로 우리나라는 경제 발전을 위해 수출에 집중하는 전략을 추진해 왔고 덕분에 경제적으로 고도성장을 이룩해 냈습니다.

국가의 경제 발전 전략은 수입 대체 산업화 Import Substitution Industrialization 전략과 수출 주도 산업화 Export-led Industrialization 전략이 있습

니다.* 수입 대체 산업화 전략은 내수에 중점을 두고 폭넓은 산업 기반과 상대적으로 자족적인 산업 경제의 건설에 목적을 둡니다. 수출 주도 산업화 전략은 국내 시장보다는 세계 시장을 대상으로 하는 제조업 제품을 생산하는 것에 중점을 둡니다. 비교 우위를 가진 상품(상대적으로 비용이 적게 드는 재화)에 특화하고 다른 상품은 저가의 수입재에 시장을 개방하는 전략이죠. 국내 시장의 구매력이 부족한 상황에서 해외 수요로 규모의 경제를 활용하여 산업화를 이루려는 전략입니다.

1930년대부터 1950년대까지 라틴 아메리카와 개발 도상국들은 수입 대체 산업화 전략을 통해 놀랄 만한 경제 성장과 함께 국가적 산업화를 이루었습니다. 그러나 1960년대 들어 경제 성장과 발전을 방해하고 있다는 평가를 받죠. 이에 따라 전략적 측면에서 대안으로 부각된 것이 수출 주도 산업화 전략이었습니다. 특히 동아시아의 신흥 산업 국가들(우리나라, 대만 등)이 신속하게 수출 주도 산업화 전략으로 전환함으로써 국제 경쟁력을 확보하여 경제 발전을 이루었습니다.

당시 무역 장벽을 낮추면서 경제 성장을 하고 있었던 선진국들이

---

* 참조 : 박은태, 《경제학 사전》, 경연사, 2010.

주요 시장이 된 시대적 상황과 밀접하게 연결되어 수출 주도 산업화 전략이 성공했습니다. 우리나라와 같은 개발 도상국들이 낮은 임금에 기반한 노동 집약적 산업에 집중해 생산한 상품들을 선진국 시장에 수출할 수 없었더라면 오늘날 고도성장을 이룩한 대한민국은 존재하지 못했을 것입니다.

고도성장이 우리나라에 긍정적인 영향만 주지는 않았습니다. 수출에 주력하다 보니 환율이 상승했습니다. 수출업자들에게는 기회가 되지만 수입품 가격이 인상되어 물가 상승 현상이 나타났죠. 수출을 위한 고환율 유지는 수출을 하는 기업에게 부가 몰리면서 결국 내수가 취약해집니다. 수출을 많이 하는 기업에게 지원하는 관세 등의 다양한 혜택도 대기업이 대부분 독점하다시피 했죠. 이처럼 수출 주도의 경제 성장에서 생기는 부작용은 결코 작지가 않았습니다.

수출에 주력하는 동안 내수 기반을 강화하는 데도 실패했습니다. 내수 기반이 취약한 경제 구조를 갖게 되면서 세계 경제 위기 등 대외 환경의 변화에 민감할 수밖에 없었죠. 대외 무역에 대한 의존도가 높을수록 글로벌 경영 환경의 변화에 신속하게 대처하지 못하는 순간 큰 충격을 받습니다. 트럼프 미국 대통령의 미국 우선주의로 요약되는 보호 무역주의로 인해 우리나라 경제가 큰 타격을 입을지도 모른다는 걱정을 하는 원인도 대외 무역 의존도가 높은 우리나라의 경제 구조에 있습니다.

한편 수출 주도 경제는 성장 제일주의를 외치곤 합니다. 지나치게 성장 위주의 정책을 펴다 보면 상대적으로 분배 문제에 소홀해집니다. 분배가 제대로 이루어지지 못하면 삶의 질이 하락하고, 상대적 박탈감 내지는 빈곤을 느끼게 되죠. 결국 사회 불안 요소가 되고 소득 양극화의 원인이 됩니다. 매우 부정적인 결과를 초래하는 것이죠.

수출 주도 경제는 금융 기반이 취약하기 쉽습니다. 외환 시장의 개방에 따라 과도한 외자 유입이 이루어진 상태에서 경상 수지 적자의 폭이 확대되면 대외 신뢰도 하락으로 연결되고 궁극적으로는 외환 위기로까지 연결될 수 있습니다.

2000년대 들어 세계 교역량이 감소하면서 수출 주도 성장이 점차 둔화되는 모습이 나타났습니다. 많은 경제학자들은 수출 주도 전략을 내수 주도 전략으로 전환해야 한다고 주장하는 상황입니다. UN에 따르면 2008년 금융 위기 이후 수출 중심 국가의 평균 성장률(2.6%)이 내수 중심 국가의 평균 성장률(3.4%)보다 낮아졌다고 합니다. 수출을 주도하는 국가는 많아지는 데 비해 수입하는 양은 정체될 경우 수출 주도 국가들의 경제 성장세가 둔화되는 것은 지극히 자연스러운 현상입니다.

현재 우리나라 기업들은 동일한 선진국 시장을 놓고 제3세계 국가들과 치열한 공급 경쟁을 하고 있습니다. 뒤쫓아 오는 중국은 수출 증가 속도가 엄청난 수준이고, 따라잡아야 할 일본은 엔저 현상을 기반으로 경쟁력을 강화해 나가고 있습니다. 더구나 주요 선진국들의 수요는 둔화되는 모습을 보이고 있죠. 수출 환경이 녹록치 않은 상황입니다.

2008년 이전까지는 세계화와 자유 무역이라는 모토로 자국 경제의 성장을 꾀했지만, 성장이 기대 이하에 그치면서 자국의 이익을 보호하기 위해 자유 무역을 포기하고 고립 경제를 택하는 편이 낫다고 보는 경향이 거세졌습니다. 이러한 경향은 유럽뿐만 아니라 미국 경제에서도 나타납니다. 트럼프 미국 대통령이 이민자 억제, 자국 산업 보호 등을 강력하게 주장하는 것도 이와 같은 경향을 잘 보여줍니다. 종전의 수출 주도의 경제 구조를 전략적으로 재점검할 시기가 되었다는 뜻입니다.

우리나라의 주요 경제 활동

구 분	2014 한국	2010 한국	2010 미국
1. 국내총생산GDP	14,100억 달러	10,943억 달러	146,200억 달러
2. 총수출	5,726	4,663	12,700
3. 총수입	5,255	4,252	19,100
4. 총경제활동=(1+2+3)	19,355	15,195	165,300
5. 국제무역비율=(2+3)/4	57%	59%	19%
6. 국내경제활동비율=(1-2)/4	43%	41%	81%

자료 : 통계청

위의 표는 우리나라의 국제 무역 비율을 정리한 것입니다. 국제 무역 비율이 전체 GDP의 약 60%에 해당할 정도로 수출 의존도가 높습니다. 내수가 튼튼하게 뒷받침되지 않는 경제 구조를 가진 우리나라 입장에서는 향후 글로벌 경기의 변동에 따라 얼마든지 경제 위기를 겪을 수 있다는 것입니다.

고립주의, 분리주의라는 세계적 흐름을 고려해 보면 우리 경제가 나아가야 할 길은 내수 시장뿐입니다. 대외 무역 의존도를 완화하기 위해서라도 우리 경제 수준에 비해 양적으로나 질적으로 미흡한 내수를 끌어올려야 합니다. 부족한 내수 기반을 확대하면 생산과 고용이 늘고 고용이 늘면 소득도 늘어나는 선순환 효과를 만들 수만 있다면 내수가 주도하는 경제 성장도 충분히 가능해집니다. 생산과 경제 규모에 맞는 소비를 이루고 삶의 질을 높이기 위해서라도 내수 확대는 필요하며, 저성장의 늪에 빠지는 것도 방지할 수 있습니다. 지금 우리에게 필요한 것은 세계적으로 경쟁력 있는 비교 우위 산업을 확보하는 동시에 국내 산업 발전을 꾀할 전략을 마련하는 것임을 명심해야 합니다.

TALK
#037

반려동물 산업의 미래를
준비하라!

애완동물이란 사람과 같이 살며 즐거움을 주는 동물을 말합니다. 전통적으로 개와 고양이가 대표적이지만 최근에는 기니피그, 앵무새, 도마뱀, 이구아나, 사슴벌레, 금붕어 등 종류가 매우 다양해졌습니다. 요즘에는 애완동물이라는 말보다 반려동물Companion animal 이라는 말을 더 많이 사용하기도 합니다.

반려동물이란 용어는 1983년 10월 오스트리아 빈에서 열렸던 '인간과 동물의 관계에 관한 국제 심포지엄'에서 동물행동학자이자 노벨상 수상자인 K. 로렌츠Lorenz가 주창했는데요. 인간에게 주는 여러 혜택을 존중하여 애완동물은 장난감이 아니라 인간과 더불어 살아가는 반려동물이라는 의미로 개칭하여 사용하자는 제안이었습니다. 이후 미국, 유럽, 일본 등에서 애완동물을 가리키는 용어로 정착이 되었습니다. 우리나라에서는 2007년 동물보호법이 개정된 이후부터 공식적으로 사용하고 있는데요. 요약해 보면 반려동물이란 사람과 함께 더불어 살아가며 정서를 교류하고 심리적으로 안정감과 친밀감을 주는 가족 같은 존재라고 이해하시면 되겠습니다.

오늘날 반려동물로 가장 대표적인 동물은 개와 고양이입니다. 공원을 산책하거나 거리를 걷거나 쇼핑을 하며 주위를 둘러보면 언제 어디서든 사람과 자연스럽게 어울려 살아가는 개와 고양이 같은 반려동물들을 자주 접하게 되는데요. 사람과 동물은 언제부터 함께 생활했을까요?

목적에 따라 동물을 길들여 사육하는 것을 축화 또는 가축화라고 합니다. 역사적으로 제일 먼저 인류의 목적에 따라 길들여진 동물은 개입니다. 기원전 12,000년경 구석기 원시인들이 이미 개를 길들여 함께 생활한 것을 화석이나 여러 가지 유물을 통하여 유추해 볼 수 있습니다. 사냥에 도움을 얻거나 야생 동물의 공격으로부터 집을 지키려는 목적 등을 위해 개를 길들였을 것으로 추정하는데요. 구석기 원시인 무덤에서 온전한 개의 뼈가 발굴된 사례들을 보면 당시 원시인들도 개와 교감을 나누며 함께 생활하는 반려동물로 여겼으리라 추측됩니다.

고양이는 기원전 약 5,000년 전에 가축화되었다고 알려져 있습니다. 인류가 정착 생활을 시작하고 수확한 곡물을 창고에 보관하는 과정에서 쥐 떼가 모여들자 고양이를 창고지기로 활용하였고, 이후 왕실이나 귀족들이 애완동물로 사육한 것으로 추정하죠.

반려동물들은 처음에는 필요에 의해 야생 동물 상태에서 길들여져 사람과 함께 살았습니다. 점차 사람과 지속적으로 교감하면서 관계가 발달해 오늘날 가족과 같은 반려 개념으로 진화해 왔습니다.

그렇다면 산업적인 측면에서 우리나라의 반려동물 관련 시장은 얼마나 될까요? 농협중앙회의 〈반려동물 관련산업 시장동향과 전망〉에 의하면 '반려동물 관련 산업이란 반려동물의 의식주를 포함하여 반려동물의 생로병사와 관련된 재화와 용역을 제공하는 산업'으로 '사료 산업, 용품 산업, 수의 진료업'으로 구분됩니다. 반려동물 관련 시장은 상당히 매력적이라고 하겠습니다. 일단 반려동물 시장이 매년 두 자리 이상의 높은 성장률을 보이고 있습니다. 2012년 약 9천억 원에서 2015년에는 반려동물 거래 시장을 제외한 시장에서만 1조 2천억 원 이상의 규모로 급성장했다는 점이 이를 뒷받침하죠.

국내의 반려동물 관련 시장이 팽창하는 요인은 크게 두 가지입니다. 핵가족화와 1인 가구 증가 등으로 가족 규모가 축소되면서 외로움을 달래기 위해 반려동물의 수요가 증가한 사회적 요인, 반려동물을 가족 구성원으로 보는 의식의 변화 등입니다.

반려동물 중 가장 보편적인 개와 고양이의 경우 2012년 기준으로 전체 가구의 17.9%인 359만 가구가 총 556만 마리를 길렀으나, 2015년에는 2012년보다 3.9%p 증가한 전체 가구의 21.8%가 기르는 것으로 나타났습니다. 반려동물이 늘어나면서 관련 산업의 시장 수요도 증가하는 모습을 보이는데요. 아마도 애완동물이 반려동물로 인식이 변하면서 관련 용품 구입이 증가한 영향으로 추정됩니다.

사단법인 한국펫산업수출협회에 따르면 현재 우리나라의 반려동물 시장 규모는 약 2조 원에 달하며, 오는 2020년에는 6조 원 규모로 성장할 것이라 합니다. 반려동물 시장은 크게 사료 시장, 보건·의료 시장, 용품 시장 등의 세 종류로 구분됩니다. 전체 반려동물 시장에서 이들 시장이 차지하는 비율은 각각 3:3:4 정도인데, 특히 용품 시장에 주목할 필요가 있습니다. 사료와 보건·의료를 제외한 모든 것이 용품 시장으로 분류되기 때문이죠. 용품 시장에는 정말 다양한 분야의 업체들이 몰려 있습니다. 정보 통신 기술, 의약 외품, 봉제 등 일견 전혀 관계가 없어 보이는 카테고리들도 함께 묶입니다.

반려동물 선진국으로는 일본, 미국, 러시아, 독일, 영국 등을 꼽습니다. 신흥 성장 국가로는 브라질, 중국, 태국, 대만, 말레이시아, 인도네시아 그리고 우리나라 등이 거론됩니다. 신흥 성장 국가들은 관련 시장의 팽창이 매우 빠르게 나타나기 때문에 신사업 터전으로 적극적인 참여 방안을 검토해야 한다는 특징이 있습니다.

우리나라의 반려동물 시장 중 사료 시장에서는 반려동물에 대한 인식 변화로 고가 등급의 사료 판매가 2010년 10%에서 2013년 62%로 크게 증가했습니다. 사료 시장의 고품질 경쟁이 치열해지면서 국내 축산 대기업의 신규 참여도 증가하고 산업 역시 세분화, 전문화되면서 별도의 간식 산업이 활성화되는 상황입니다.

다음으로 수의 진료의 경우 2013년 기준으로 매출액 약 6,980억 원에서 2014년에는 7,850억 원 규모로 해마다 꾸준하게 성장하는 모습을 보입니다. 반려동물 병원도 2014년 3,640개소로 병원 수와 종사자 수가 꾸준히 증가해 새로운 일자리 창출에 기여한 것으로 나타났습니다.

마지막으로 용품 시장은 고급화 추세가 이어지면서 2009년 1,687억 원에서 2014년 3,849억 원 규모로 5년 만에 2배 이상 성장하는 모습을 보였습니다. 뿐만 아니라 용품 시장에 서비스업이 합류하는 양상을 보이면서 복합화 현상이 나타났습니다. 용품 판매장에서 수의 의료 및 미용 서비스까지 함께 제공하는 양상을 보인 것이죠.

〈반려동물 관련산업 시장동향과 전망〉에 따르면 우리나라의 반려동물 관련 시장은 규모가 선진국 수준에 근접하고 있으며, 주변 산업이 다양화되고 새로운 산업도 파생시키고 있다고 합니다. 특히 반려동물과 연관된 토털 서비스업이 활성화되고, 수의 진료와 관련한 산업은 건강 관리의 중요성이 높아지면서 보다 전문화될 것으로 전망됩니다. 실제로 반려동물 관련한 정보 통신 기술 산업과 인터넷을 기반으로 한 반려동물 관련업이 활성화되는 양상입니다. 반려동물 서비스 시장에서 미용, 호텔, 노령 동물 돌보미, 동반 여행 상품 등 다양한 업태가 출현하고 활성화될 것으로 예상됩니다.

고급화되는 소비 추세에 맞추어 관련 산업들도 지속적으로 성장하는 만큼 전략적 접근을 하면 매력적인 시장이 될 것으로 전망됩니다. 국내산 원료 조달이라는 강점을 활용하여 원가 절감을 하고, 이를 통해 효과적으로 신규 시장을 개척할 가능성에 기초하는 것인데요. 축산 부산물이 주원료인 고부가가치 반려동물 간식 사업의 경우 국내 축산물 가격 안정화에도 기여할 것으로 보여 바람직하다고 하겠습니다.

반려동물 보험 산업은 수의 진료비 부담이 커지는 현 추세로 볼 때 다음과 같은 문제점이 해소된다면 활성화될 가능성이 매우 높습니다. 병원마다 치료비가 상이하여 진료비와 치료비 산출이 어렵고 손해율이 표준화되지 않는 문제, 반려동물의 나이를 속여 보험에 가입하거나 소유자 확인이 불가능하여 다른 반려동물로 보험금을 청구하는 무임 승차자들이 상존하는 문제, 반려동물의 증가에 따라 반려동물에 의한 제3자 피해에 대한 보상 책임이 빈번해 보상 비용을 감당하기 힘들다는 문제 등입니다.

　이상에서 살펴본 바와 같이 반려동물 산업은 성장 가능성이 매우 큽니다. 관련 시장에 참여할 방안을 적극적으로 모색할 필요가 있습니다.

경.박.한 시사 경제 톡

초판 1쇄 인쇄 2017년 4월 27일
초판 1쇄 발행 2017년 5월 4일

지은이 김종선 김태균 이창현 진변석

펴낸이 박세현
펴낸곳 팬덤북스

기획위원 김정대 · 김종선 · 김옥림
편집 김종훈 · 이선희
디자인 심지유
영업 전창열

주소 (우)03966 서울시 마포구 성산로 144 교홍빌딩 305호
전화 070-8821-4312 | **팩스** 02-6008-4318
이메일 fandombooks@naver.com
블로그 http://blog.naver.com/fandombooks

등록번호 제25100-2010-154호

ISBN 979-11-86404-97-3 03320